日本史のなかの中世日光山
忘れられた全盛時代

永井 晋【著】

文学通信

◉目次

第二章　信仰と勢力の分離——鎌倉時代前期

第三章　中世日光山の全盛時代──鎌倉時代中期

第四章　終末期の鎌倉幕府を支えた人々――鎌倉末期〜室町時代

系図集

1　宇都宮氏とその縁者

- 中納言 藤原兼隆
  - 右中将 兼房 ═ 大法師宗円子 兼仲 ═ 日光山俗別当 宗綱
  - 日光山別当 宗円
    - 日光山俗別当 宗綱
      - 宇都宮社務 朝綱
      - 八田 知家
    - 中原改姓 宗房 ― 宇都宮所衆 信房

- 宇都宮朝綱 ― 成綱 ― 頼綱
  - 頼業 ― 時親
  - 泰綱 ― 景綱
  - 塩屋 朝業
    - 親朝
    - 笠間 時朝

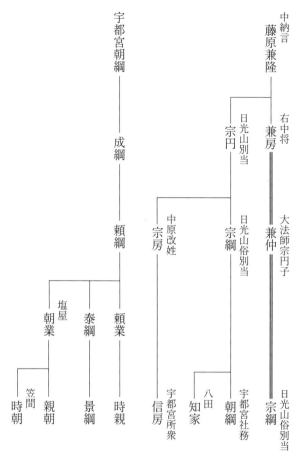

2 大方氏系図

- 大田行尊
  - 行政
  - 大方政家
    - 関政綱
      - 政泰（宝治合戦自害）
    - 隆宣（日光山別当・鶴岡真智坊供僧）
    - 弁覚（日光山別当・本山派山伏）
      - 性弁（日光山別当）

3 延暦寺本覚院相承系図（『門葉記』）

- 最源（本覚院）
- 尊家（日光別当）
  - 源恵（本覚院兼日光・勝長寿院）
    - 仁澄（本覚院兼日光・勝長寿院）
    - 道潤（本覚院兼日光・勝長寿院）
      - 聖恵（本覚院兼日光・勝長寿院）

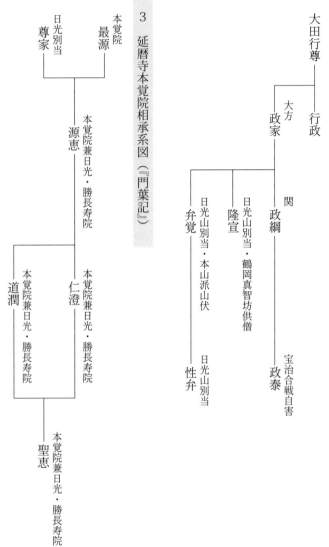

4　九条家系図

- 関白 藤原忠通
  - 関白 兼実
    - 摂政 良経
      - 関白 道家
        - 関白二条 良実
          - 教良
            - 五大堂明王院別当 良斅
          - 天台座主・日光山別当 道潤
        - 四代将軍 頼経
          - 五代将軍 頼嗣
          - 天台座主・日光山別当 源恵
      - 園城寺長吏 道慶
    - 良平
      - 天台座主 最源
  - 天台座主 慈円

5　親王将軍系図

- 後嵯峨
  - 六代将軍 宗尊親王
    - 七代将軍 惟康親王
      - 天台座主・日光山別当 仁澄
      - 天台座主・日光山別当 聖恵

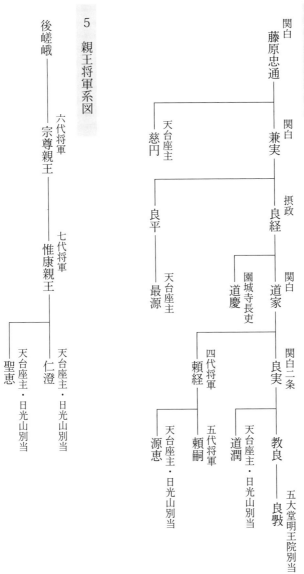

6　天台三昧流血脈

- 天台座主 慈円
  - 座主 道覚
    - 座主 道玄
      - 座主 良斅
  - 座主 良快
    - 良禅
      - 座主 最源
        - 座主 源恵
          - 座主 仁澄
            - 座主 聖恵
          - 雲聖
          - 座主 道潤
  - 座主 慈賢
    - 尊家
      - 座主 源恵

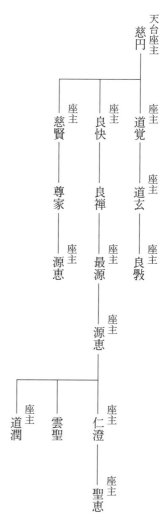

日光山歴代別当

歴代	僧名	宗派	僧官僧位	補任	辞任	師弟	俗縁	相承・補任	備考
1（開山）	勝道				弘仁八（八一七）				
2	教旻		衆徒						
3	千如		衆徒						
4	神善		衆徒						
5	昌禅		衆徒						
6	尊運		衆徒						
7	明秀		衆徒						
8	聖兼		衆徒						
9	頼肇		衆徒						
10	慶真		衆徒						
11	明覚		衆徒						
12	宗円	天台宗	大法師	永久元（一一一三）	永久三（一一一五）		藤原兼隆		延暦寺より下向
13	快舜		衆徒						
14	有尋		衆徒						
15	良重		衆徒						
16	聖宣	天台宗	法師	保延元（一一三五）	治承元（一一七七）				
17	隆宣	天台宗	法橋	治承元（一一七七）	治承元（一一七七）	聖宣弟子	大方政家		神祇官符により補任
18	禅雲		衆徒	治承元（一一七七）	元暦元（一一八四）	聖宣弟子	那須氏		

歴代	僧名	宗派	僧官僧位	補任	辞任	師弟	俗縁	相承・補任	備考
19	寛伝	真言宗	僧都	元暦元（一一八四）	元暦元（一一八四）		藤原範忠		源頼朝の推挙
20	覚智		衆徒						
21	理光		衆徒						
22	静覚		衆徒						
23	文珍		衆徒						
24	隆宣	天台宗	法橋	建久年間末期（一一九九以前）	建仁二（一二〇二）以後		大方政家	鶴岡眞智坊	再任（含む暫定期間）
25	相弁		衆徒	承元元（一二〇七）	承元三（一二〇九）				
26	弁覚	熊野修験	法印	承元三（一二〇九）	建長三（一二五一）		大方政家		
27	性弁			建長三（一二五一）		弁覚真弟子	弁覚		二年間別当空席
28	尊家	天台宗	法印	建長五（一二五三）	文永一〇（一二七三）	慈覚弟子	六条顕家		鎌倉の推挙
29	源恵	天台宗	大僧正	文永一一（一二七四）	徳治二（一三〇七）	最源・尊家弟子	九条頼経	勝長寿院・本覚院	
30	仁澄	天台宗	大僧正	徳治三（一三〇八）		源恵弟子	惟康親王	勝長寿院・本覚院	
31	道潤	天台宗	大僧正	元亨三（一三二三）	元徳元（一三二九）	道玄・源恵弟子	二条良実	勝長寿院・本覚院	
32	聖恵	天台宗	大僧正		貞和二（一三五六）	仁澄弟子	惟康親王	勝長寿院・本覚院	

はじめに　中世日光山、忘れられた全盛時代

東照宮の影に隠れた中世日光山

日光といえば、誰もが東照宮を思い浮かべるだろう。それは、徳川将軍家と江戸文化の華である。世界遺産「日光の社寺」のエリア以外にも、中禅寺湖畔には観光名所が多く、観光客が集まっている。それだけで人を惹き付けられるため、日光から発信される情報が江戸文化に偏るのも仕方のないところである。

世界遺産「日光の社寺」の中で、中世日光山に関するエリアは神橋《しんきょう》に近いところに固まっている。ここを訪れる観光客は少ないが、私が観たいのはここである。ここには、日光山中興の弁覚《べんかく》法印（公卿待遇の僧位）の時代に建てられた三重塔が残っている。江戸時代、天海僧正《てんかいそうじょう》によって日光は作り変えられているので、中世日光山に関するものは中心から外れたところにある物のみ残ったといえる。筆者の関心は、こちらである。

中世日光山の魅力は、まず、その信仰の重層性にある。日光山の信仰の始まりは、縄文時代には噴火していた日光火山群を神格化した産土神二荒神《うぶすながみふたらのかみ》である。ここに、仏教系のさまざまな信仰

が入ってくることで複雑な展開を遂げていくことになった。日光の文化財は、江戸時代の一宗一派以前の多様性のある信仰の歴史を今日に伝えている。また、僧兵を抱える比叡山延暦寺《ひえいざんえんりゃくじ》の末寺（本山の管轄下にある寺）として、武家の依頼に応えて法会や修法《すほう》は行うが、武家の権威に従属しない自立性の高い勢力として存続していた。さらには、日光山別当（僧侶の首席）は、延暦寺本《ほん》覚院《がくいん》の兼帯《けんたい》となり、本覚院の格式で天台座主《てんだいざす》まで勤めることのできる役職になっている。

江戸時代に大きく作り変えられてしまったので、残された文献や文化財からたどるしかないのが実情であるが、鎌倉時代の日光山は江戸時代の日光山と並べてよい水準で繁栄したと考えてよい。本書は、失われた過去になってしまった中世日光山について、その全盛時代と衰亡に至る道を辿り直すことを目指している。

中世日光山の範囲

本書は、信仰の山日光の成立に始まり、中世日光山の全盛時代を頂点とし、鎌倉幕府と共に中世日光山の体制が崩れるまでを述べていく。

本書で取り上げるのは、栃木県日光市の日光の地域史ではない。日光の名前で括られた天台仏教と神祇信仰（神道）の集団である。具体的には、延暦寺本覚院（京都）・成恩院（京都）・土御門本坊（京都）・日光山別当坊《にっこうさんべっとうぼう》（鎌倉）・勝長寿院（鎌倉）・日光山（下野国）が天台仏教の集団である。

朝廷の神祇官が所管した二荒山神社は、日光の二荒山神社が本宮、宇都宮の二荒山神社が下宮（里宮）と考えている。本宮は日光山の信仰と一体化しているので山岳信仰の道を歩むが、宇都宮二荒山神社は下野国一宮となったことで国衙行政と結び付き、この集団から分離した。宇都宮二荒山神社を管理したことで武家として成長したのが、宇都宮氏である。

中世日光山は、全盛時代を築いた日光山別当源恵《げんえ》（一二四三～一三〇七）が兼帯した天台仏教の寺院と院家である。源恵は、本務地を鎌倉の日光山別当坊とした。

源恵は、京都で天皇のために鎮護国家《ちんごこっか》の祈祷を行い、鎌倉では将軍のために武家鎮護《ぶけちんご》の祈祷を行った。京都と鎌倉では、源恵の下で修法《すほう》を執り行う人々が変わってくるが、源恵はそれを全て日光の名で執り行った。本書の語る日光が、栃木県日光市の日光という土地を指しているのではなく、日光の名前で動いた集団を指していることを御承知いただけただろうか。

本書が宇都宮の動向を常に意識しながら書き進むのは、本来は一体であった宇都宮二荒山神社が、どのように分かれて、別の勢力として自立したかを確認しながら叙述を進めていくためである。武家としての宇都宮氏の成立と、宗教勢力としての日光と宇都宮の分離は大きなタイムラグがある。宇都宮氏が日光山と手を切ったのは、平安時代末期の日光山の内訌の時と考えてよいが、宇都宮二荒山神社が日光山の二荒山神社の信仰を組み替えていたことがわかるのは南北朝時代である。世俗と信仰は別ということは認識しておかないといけない。

0-1　日光中禅寺歌が浜

以下、各章の概要について述べる。

日光山の信仰の形成

本書第一章は、信仰の山日光の成立と、その祀官から下野国《しもつけのくに》の豪族に発展した宇都宮氏の成立である。

中世日光山の信仰は神道に始まり、山林仏教・天台《てんだい》顕教《けんぎょう》・天台密教《てんだいみっきょう》・修験道《しゅげんどう》が新たな要素として次々と加わっていくことで多様性のある信仰が形成されていった。この信仰の形態とそれを基盤として活動した人々を述べていくことが、本書の基本線である。

初めは、産土神《うぶすながみ》として顕現した二荒神《ふたらのかみ》を祀る二荒山信仰である。二荒神は二人の荒神《こうじん》という意味であり、縄文時代に噴火した日光火山群の男体山《なんたいさん》とそれと対になる女峰山《にょほうさん》を男女神《なんにょしん》として崇めている。二荒神は、朝廷の神祇官《じんぎかん》がその存在を高く評価し、正二位《しょうにい》の神階《しんかい》を授けた。これによって、日光山を管轄する朝廷の役所は、神祇官となった。

日光は、考古学の成果をもとに奈良時代以前の状況が語られているが、文献による歴史は日光を仏教の聖地とした僧・勝道《しょうどう》の物語からはじまる。勝道は、二荒神の神域男体山を観音菩薩の降り立つ霊地補陀洛山《ふだらくさん》にみたて、登頂禅定《とうちょうぜんじょう》を行った。男体山登頂という苦行に集中することにより、正しい智慧を得ようとしたのである。男体山と仏教をむすびつける重要な出来事ではあるが、これは空海が勝道の事績を残すために建てる碑の文章を起草したことで高く評価された『性霊集《しょうりょうしゅう》』。漢詩文を嗜む文人貴族や真言宗をはじめとした多くの宗派の僧侶が空海の文章を通じて、勝道の事績を知ることになった。本来なら表舞台に立つことなく消えていく人であったが、真言宗の宗祖空海が取り上げたことで、後代まで語られることになった。

日光山の仏教に大きな画期をもたらすのは、比叡山延暦寺から日光山別当として赴任した宗円《そうえん》である。宗円には日光山を天台顕教寺院として組織改編する仕事があるので、家族や同門の僧侶、天台顕教の聖教《しょうぎょう》など、天台宗寺院とするために必要な物を延暦寺から運び込まなければならなかった。宗円が日光山に伴った家族の中から、下野国の豪族宇都宮氏が誕生した。

宗円の時代に日光山が天台宗寺院としての道を歩み始めたことで、日光山と平泉の天台宗寺院との交流が始まり、その檀越《だんおつ》奥州藤原氏との交流も密接になっていった。日光に残る文化財をみていると、別当聖宣《せいせん》の時代に天台顕教寺院として整備されたとする理解は、時期が遅すぎる。ここよりも年代が新しくなることはないと確定できる下限を、この時期と誤認した原因は「輪王寺《りんのうじ》文書《もんじょ》」（輪王寺所蔵）以外に一群の古文書が残っていないためである。聖宣が示したのは天台顕教寺院として完成した姿であり、宗円没後も天台宗寺院としての発展を続けていたと考えるべきである。

日光山の動乱期

第二章は、秀郷流藤原氏の隆宣・弁覚兄弟が鎌倉幕府成立によって日光山の進むべき道を模索した時代である。

聖宣の後継をめぐって日光山で深刻な内訌《ないこう》が起きている。山林仏教の時代に揺り戻そうとする禅雲《ぜんうん》、鎌倉で鶴岡八幡宮の供僧《くそう》を勤めて密教化の必要を感じる隆宣《りゅうせん》、熊野で修行して日光山に修験道を持ち込もうとする弁覚《べんかく》の対立である。この内訌は、地方の修行僧による山林仏教の時代が終わり、次の時代の日光山の仏教を誰が主導するのかを争う深刻な対立となった。弁覚が日光山別当の地位を安定化させたことにより、熊野修験の流れを汲む日光三所権現がこの時期に成立する。

また、この動乱期に、日光山と宇都宮の分離が明確になる。二荒山神社は、日光に本宮《ほんぐう》、中禅寺湖畔に中宮祠《ちゅうぐうし》、男体山上に奥宮《おくのみや》、宇都宮に下宮《しものみや》があった。山岳宗教なので、拠点となる場所に宮が分散する。日光と宇都宮の問題は第一章で述べる。宇都宮の下宮は外界との応接にあたる外《げ》宮《ぐう》の役割を勤めたので、二荒山神社が下野国一宮《いちのみや》となったことで、宇都宮で一宮神事と国衙《こくが》祭祀が行われることになった。日光の本宮は天台顕教と山林仏教で固まっていたが、宇都宮は下野国司が主催する下野国の祭祀を行う場として重要な神社に発展していく。延暦寺から日光山に下向した宗円の子宗綱《むねつな》は日光山俗別当《にっこうさんぞくべっとう》として宇都宮に居ることが多く、宇都宮二荒山神社（下宮）の神官を郎党とし、神領を管理することで下野国の豪族に発展していった。鎌倉幕府が成立すると、宇都宮氏はの御家人として地位を安定させたことで日光山の影響下から離れ、下野国一宮として地位を確立していた宇都宮二荒山神社を日光の二荒山神社から切り離していく。

平安時代末期から鎌倉時代中期までの混乱した時代は、日光山が進むべき方向を模索する時期であると同時に、宇都宮氏と宇都宮二荒山神社が日光から分離する時期でもあった。

中世日光山の全盛時代

第三章は、鎌倉の日光山別当坊が鎌倉の天台密教の中心となり、中世日光山が全盛を誇った時代である。

弁覚の甥関政泰《せきまさやす》が宝治合戦《ほうじかっせん》（一二四七年）で自害した後、弁覚の勢力は日光山で退潮した。その後、天台密教三昧流《てんだいみっきょうざんまいりゅう》を学んだ尊家法印《そんかほういん》が鎌倉幕府の推薦で日光山別当に就任した。尊家は、将軍家を護持する験者《げんじゃ》として延暦寺青蓮院から鎌倉幕府に引き抜かれたので、将軍御所に出仕するため、鎌倉に常駐した。鎌倉の犬懸谷《いぬかけがやつ》には、弁覚が滞在するために建てた日光山別当坊があった。尊家はここを本務地とし、下野国日光山はその役領《やくりょう》という扱いにした。尊家は、日光山常行堂《にっこうさんじょうぎょうどう》を修造して日光山衆徒が守るべき規則置文《おきぶみ》を作るなど日光山の興隆に務めたが、日光山の信仰に手を付けようとはしなかったので、日光山は平穏な時代を迎えた。尊家は、鎌倉での通称は日光法印で通している。日光は、下野国日光山ではなく、尊家を指す言葉として使われるようになった。源恵僧正がもたらす全盛時代への移行の始まりである。

源恵《げんえ》は、師匠の天台座主最源《さいげん》から延暦寺本覚院、尊家から日光山別当、天台密教小川流《おがわりゅう》の小川法印忠快《おがわのほういんちゅうかい》の孫弟子最信《さいしん》（足利義氏の子《あしかがよしうじ》）から勝長寿院《しょうちょうじゅいん》別当職を譲られ、日光山別当坊を本務地とし、日光山に法印の僧位を持つ代官を派遣した。派遣された法印は日光山で天台教学の伝授を行い、源恵の片腕となる隆昭《りゅうしょう》を育てた。日光山は日光修験の山として隆盛に向かっていくが、日光山別当坊は鎌倉で武家鎮護の祈祷を勤められる人材を育てようとした。鎌倉の日光山別当坊は、下野国の日光山を治める別当代として慈性《じしょう》法印や雲聖《うんしょう》法印といった学侶（学問や祈祷を専門とする僧）を日光山に派遣している。源恵の時代以後、日光山の上層部で密教僧の育成が始まっていた。

終末期の鎌倉幕府と日光

第四章は、日光山別当が持明院統花園天皇の護持僧となり、京都を離れられなくなった時期におこる変化を述べる。

源恵の後継者仁澄《にんちょう》・道潤《どうじゅん》は花園天皇の護持僧《ごじそう》に補任され、京都を離れられなくなった。仁澄は在京したまま日光山を管理し、道潤は花園天皇退位で護持僧を解かれた後、鎌倉の勝長寿院に入って、勝長寿院で将軍家護持の祈祷を行った。道潤が鎌倉に下った時、仁澄がまだ日光山別当に在職していたため、勝長寿院が道潤の本務地となったのである。道潤と鎌倉時代最後の別当となる聖恵《しょうえ》は勝長寿院を本務地として日光山を治めていた。

このようにみると、下野国日光山で完結していたのは聖宣までであり、隆宣以後は鎌倉との関係が重要となる。日光山の頭脳である鎌倉の別当坊から、下野国日光山に指示が出される体制に移行した。それは、鎌倉の仏教と下野国の日光山が結びつくことを意味するが、それが本格化するのは日光法印尊家の時代である。

日光の名のもとに、日光山別当坊・勝長寿院・延暦寺本覚院・成恩院・土御門本坊・下野国日光山を動かし、京都・鎌倉で鎮護国家・武家鎮護の祈祷を行ったのが尊家の弟子源恵である。源恵の活躍により、鎌倉の日光山別当坊が鎌倉の天台密教を主導する僧侶の集団の本拠地となった。源恵以後の日光は、日光山別当坊で鎌倉の天台密教を主導する者を意味する言葉となったのである。

日光と宇都宮

本書では、日光と宇都宮にある二つの二荒山神社について、元は一体であったが、分離したと叙述している。

中世という時代をみると、下野国という行政単位は存在し、国司と守護が管轄する領域として掌握している。しかし、地域として考えると、より細分化している。下野国在庁官人と下野国守護を兼務する小山氏が、下野国の有力勢力であることは間違いがない。しかし、小山氏は武蔵国大田庄の大田氏を嫡流とする秀郷流藤原氏の展開の中で最北端に位置する一族であり、坂東平野の北端を抑えている家である。坂東武者としてイメージできる武家は坂東平野や比企丘陵で馳せ弓を行う武者なので、下野国中部から北部を勢力圏とする宇都宮氏・那須氏とは性格が違っている。

宇都宮氏は、日光山や二荒山神社と深く結びついて社領・神領を管理することで勢力を伸ばしてきた家であり、下野国の中では一宮宇都宮二荒山神社の社務として地位を築いている。また、京都との結び付きが深い家であり、京都の文化を吸収して理解する古典的公共圏（王朝文化を共有する人々）の範囲に属している。また、栃木県北部から中央部は奥羽山脈にある日光とその麓の丘陵地帯であり、坂東平野には属していない。この地形が、那須氏を馳せ弓ではなく遠矢を得意とする武家に発展させ、宇都宮氏を鉱山衆が使える武家へと発展させる。

日光が比叡山延暦寺と同じ山岳仏教寺院に発展するのは、奥羽山脈の中に聖地を見いだし、信仰の山として歴史を歩みはじめたからに他ならない。そこに、日光山別当弁覚が、熊野で修行をした熊野修験を移植しても、山岳宗教を実践する場として条件が揃っているので、日光山内の同意が取れれば問題はない。勝道以来の山林仏教（学問ではなく、瞑想や修行によって悟りを開こうとする修行）が修験道に吸収されていくのは不思議ではないだろう。京都のように、顕密仏教から二度目の出家をすることで遁世僧となる人々がいないのであるから、指導者となれる学僧（官僧としての高僧ではない）がいないのである。

本書が、秀郷流藤原氏の勢力圏である下野国南部を扱わないのは、中北部を勢力圏とした日光山・宇都宮氏が関東地方の中ではあるが、坂東とよばれる特性を持った地域ではなく、山岳と盆地を中心とする北関東の文化に属する地域に属するためである。本書が小山氏を重視しない理由をご理解いただいたであろうか。

日光は鎌倉時代の首都京都と武家の都鎌倉で通用した、天台密教の実力者が用いた通称である。中世日光山の全盛時代を築いた発展の歴史として、本書を堪能していただければ幸いである。

第一章　信仰の山 日光と宇都宮氏の誕生――古代〜平安時代

日光は、日光火山群に顕現した産土神二荒神の信仰に始まる。第一章では、日光の古代中世史を彩ることになる多層的な信仰の形成と、日光山が延暦寺末寺の有力寺院として勢力を伸ばしていく歴史をたどる。日光は、東山道を通って平泉に行くための近道にあり、朝廷の神祇官・比叡山延暦寺・奥州藤原氏といった有力な勢力と交渉を持つ地方有力寺院として要衝に位置していた。

第一節　信仰の山日光の成立

日光山信仰の始まり

日光の山々は、日光火山群を構成する活火山である。男体山の噴火は幾度となく繰り返されている。男体山噴火のローム層は栃木県西部に広がっているので、大規模な噴火であった。発掘調査から、縄文時代の日光は、小さな集落が点在していたことが確認されている。

日光は、神祇信仰《じんぎしんこう》（神道）・仏教・修験道がそれぞれに聖地とする複合体である。それぞれの宗教によって崇める対象に違いのあることが、日光山の信仰を複雑にしている。

神祇信仰では、二荒神《ふたらのかみ》が顕現した神域と考える。神道は神が居ると感じる所に、神が顕現したと認識する。神は学ぶものでも考えるものでもなく、感じて敬うものである。火山噴火・火山活動が創り出す景観と噴火の痕跡を観た人々が、日光の山々を荒ぶる神と恐れ、それを鎮める祭祀を行うようになったと考えてよいだろう。二荒神は、火山神の性格を持つ荒神の産土神《うぶすながみ》である。朝廷の神祇官《じんぎかん》は、二荒神を祀る二荒山神社を名神祭《みょうじんさい》で祀る名神大社《みょうじんたいしゃ》として登録した（『延喜式《えんぎしき》』）。二荒神は、男体山と女峰山を一対の男女神と認識した名前と考えてよい。

発掘調査の結果、日光に集落遺跡が確認されるのは弥生時代である。男体山頂遺跡の出土遺物は、古墳時代の勾玉《まがたま》まで遡るが、勝道の補陀洛山登頂禅定《ふだらくさんとうちょうぜんじょう》以後のものが圧倒的に多い。遺物は、

1-1　日光二荒山之図

山岳仏教から修験道への流れを受けた信仰の痕跡をよく伝えている。勝道の男体山登頂禅定は大きな画期であるが、それ以前から神の居る山と考えられていたことは「沙門勝道《しゃもんしょうどう》歴山水《さんすいをへて》瑩玄珠《げんじゅをあきらかにするの》碑幷序《ひならびにじょ》」（『性霊集《しょうりょうしゅう》』所収）に記されている。朝廷によって神祇信仰が整理される以前から、日光は神の居る山として信仰されていた。勝道の事績に引きずられすぎない注意は、必要である。

　奈良時代、勝道は二荒神の神域男体山を観音菩薩の降り立つとされた霊場補陀洛山《ふだらくさん》に見立てて登頂禅定を行った。紫雲立寺《しうんりゅうじ》は、男体山登頂禅定の中継点として創建された。また、登頂禅定の登り口となる中禅寺湖畔に神宮寺を建立し、神仏習合の本地垂迹《ほんちすいじゃく》の形式を整えた。勝道は、二荒神のうち男体山のみ仏教の観音信仰（補陀洛山）に重ね、本地垂迹説によって千手観音《せんじゅかんのん》を実《じつ》（実体）、男体山の神（二荒神の一峰）

1-2　男体山地形図

を権現《ごんげん》（衆生を救うためにみせる仮の姿）とした。神域であった日光山に、仏教の聖地を重ねたのである。神祇信仰の二荒山神社、四本龍寺《しほんりゅうじ》（宗派未詳、紫雲立寺の後継）、神宮寺（後の中禅寺、神仏習合）、二荒山神社中宮祠（男体山登山口）、男体山（二荒山神社奥宮　兼補陀洛山）が初期の日光の信仰の拠点である。

神祇信仰は男体山・女峰山を一対の男女神としたが、勝道の山岳仏教は男体山のみを補陀洛山として信仰の対象とした。ここには大きな相違がある。

勝道と空海を結びつけるもの

空海の文章を弟子の真済《しんぜい》が集めて編纂した『遍照発揮《へんじょうほっき》性《しょう》霊集《りょうしゅう》』（八三五年頃成立、以下『性霊集』と略す）に「沙門勝道歴山水瑩玄珠碑幷序」（『日本古典文学大系』・『鹿沼市史』）が収録されている。空海が、この文章を起草したのは弘仁五年（八一四）である。勝道（七三五～八一七年）と日光が京都で認知されたのを『性霊集』編纂後と考えれば、勝道の事績が京都の宮廷社会に認められたのは没後ということになる。

神護景雲《じんごけいうん》元年（七六七）、勝道は男体山を観音菩薩の霊場補陀洛山にみたて、初めて登頂禅定を試みたが失敗した。翌神護景雲二年、中腹に留まって紫雲立寺（後の四本龍寺）を創建して登頂禅定の拠点とした。実際は、大谷川《だいやがわ》の川沿いに補給基地となる山小屋を構えた程度であろう。大谷川は中禅寺湖から鬼怒川に流れるので、この川沿いを上流に進んで男体山の登山口に出ることになる。紫雲立寺は、後に日光三所権現となる本宮（太郎山）・滝尾社《たきのおしゃ》（女躰山）・新宮（男体山）と中禅寺（神宮寺）の四宮寺を集めた四本龍寺へと発展した。四本龍寺は発展を続けて日光山万願寺となる。神祇官の管轄下にある二荒神《ふたらのかみ》が荒神であることから、「二荒」を音読して漢字を吉祥の文字「日光《にっこう》」に改め、満願寺の山号にしたと考えてよいだろう。四本龍寺は、万願寺本堂として名前を残している。

天応二年（七八二）、勝道は男体山登頂禅定を果たした。日光が二荒山神社の本宮、男体山登山口に建てられた中宮祠、山頂が奥宮である。延暦三年（七八四）、中禅寺湖畔の登山口付近に神宮寺（後の中禅寺）を建立し、本地垂迹説による神仏習合《しんぶつしゅうごう》の形式を整えた。

勝道の活動は、朝廷が推し進める東国の開発と教化の政策の中で行われている。勝道は、登頂禅定を行ったこと、観音菩薩の聖地補陀洛山の勝境を見いだしたことを埋もれさせることは忍びないと勝道自ら書いた記録を、下野国博士《しもつけのくにのはかせ》の任期六年を終えて帰京する伊博士公《いのはかせのきみ》に託した。京都に戻った伊博士公が旧知の空海に勝道の事績を説明すると共に書いた物を渡し、勝道碑文の起草を依頼した。弘仁五年（八一四）に起草した空海の文章が『性霊集』や、この文章を抄出した

1-3　日光神橋

仏書に残っている。

平安時代前期は漢詩文の盛んな唐風文化《とうふうぶんか》の時代で、真言宗の宗祖空海の書いたものを残したいと考えた弟子高雄僧正真済《たかおのそうじょうしんぜい》が漢詩文集『性霊集』に採録した。『性霊集』が多くの人に読まれたことで、勝道の活動と観音の聖地日光が京都の公家・官人・僧侶に知られるようになった。

勝道は、朝廷が公認する下野薬師寺戒壇院《しもつけやくしじかいだんいん》で具足《ぐそく》戒《かい》まで受けたので、朝廷が認定した正式の官僧《かんそう》である。官僧として五年の経歴は積んでいるので、勤続年数（一年の間に勤務をした日数が勤続と認める最低出勤日数に達した年数）の条件を満たしていれば昇進する満《まん》位《い》の僧位までは持っていたと推測している。律令国家の時代なので、国講師《くにのこうし》が任期を六年とする朝廷の僧官《そうかん》である以上は、官位相当の原則による僧位《そうい》が必要となる（『貞観交替式《じょうがんこうたいしき》』）。諸国講師は、延暦二十四年

(八〇五)に国師《こくし》を廃止して新設した。定員は国ごとに一名で、僧衆の推挙を受けた者を朝廷が補《ぶ》任《にん》した。他薦による推挙の申文《もうしぶみ》(叙位除目の申請書)をうけた朝廷の担当者が人選して上申する形式なので、自薦はできない。国講師は、管轄する国の法会の講師を勤める常設の僧官である。任期が定まっているので、死去や辞任など自己都合でないかぎり、欠員の出る国は事前にわかっている。朝廷の人事担当は、その国で勤める法会を主導できると判断した人物を補任した。勝道は、地方で活動した官僧である。

勝道は、山林修行で行う瞑想(顕教の止観《しかん》、密教の道場観《どうじょうかん》)によって悟りを開こうとする山林仏教の僧でもある。法橋《ほっきょう》以上の僧官僧位や有職凡僧《うしきのぼんそう》・阿闍梨職《あじゃりしき》まで昇る職歴を積んでいないので、鎮護国家の法会《ほうえ》や修法《すほう》を勤めるための条件を満たしていない。京都か奈良に常住する人でなければ僧綱《そうごう》に昇る昇進の要件を満たせないのである。勝道は日光山を山岳仏教の聖地として整備したが、日光山万願寺を官寺の枠組みに入れなかった。

離れていく日光と宇都宮

朝廷が把握するのは、正二位の神階を持つ二荒神を祀る二荒山神社である。

『性霊集』が編纂された頃から、二荒神の神階が上昇しはじめる。六国史《りっこくし》で総称される正史では、承和三年(八三六)十二月二十五日、二荒神に正五位下の神階を授けたところから記録がある(『続日本後紀』)。その後も神階の上昇は続き、貞観十一年(八六九)二月二十八日には、正二位が授けられている(『日本三代実録』)。

神階授与により、二荒山神社は神祇官が管轄する神社となった。神祇官が日光山の監督官庁となったのは平安時代初期で、鎌倉時代中期に延暦寺の院家本覚院が相承する末寺となるまで続くことになる。神祇官が日光山の社僧《しゃそう》を管理することは捻れていると思うが、四本龍寺(万願寺)が私寺であり、日光山衆徒は山林で修行する私度僧の扱いなので、鎮護国家の仏教を管轄する玄《げん》蕃寮《ばりょう》の管轄には入らないとする解釈である。

二荒神を祀る二荒山神社は、本宮(成立期の日光二荒山神社)に始まる。日光火山群の麓河内郡《かうちぐん》に勧請《かんじょう》された二荒山神社下宮(里宮)が二荒山神社と外の世界をつなぐ窓口として発展し、『延喜式』巻十「神祇」の神名帳には下宮が所在地として記載された。名神大社二荒山神社の格付けは二荒山神社に与えられたもので、朝廷が二荒山神社を管理するために登録したのが下宮となる。このことは、次の展開を考えていく上で大きな意味を持つことになる。

二荒山神社は下宮(宇都宮)・本宮(日光)・中宮祠(中禅寺湖畔)・奥宮(男体山上)でひとつであり、それぞれの宮が神域を形成した集合体として山岳宗教施設日光山が形成される。山岳宗教の場合、平場を確保できる範囲に限界があり、社寺としてはひとつであるが、山頂や尾根などの平場に院家堂塔が分散して建てられる。日光山の本山比叡山延暦寺をみれば、西坂本とよばれる西麓は京都の街の東側から北側まで広域に院家が立ち並んでいた。隣接する園城寺《おんじょうじ》も、大文字焼で有名な別院如意寺《にょいじ》（廃寺）のあった如意ヶ嶽から山科《やましな》までが領域である。日光山が、西は中禅寺湖畔から東は宇都宮、南は押原御所《おしはらごしょ》（栃木県鹿沼市）までを宗教上の領域と見なしていても、山岳宗教施設なら特別なことではなかった。世俗の世界の土地の権利とは、別の話である。

二荒山神社は下野国で最も神格の高い神社となったことで、唐風文化から国風文化《こくふうぶんか》に切り替わっていく十世紀に、新任の国司が挨拶回りで参拝する神社の順番を定めた一宮《いちのみや》制度の成立と共に下野国一宮に格付けされた。一宮となることは、着任した国司が管国の神社を巡拝する時に最初に訪れる神社という名誉だけではなく、下野国衙《しもつけこくが》が行う神事の会場となることも意味した。山岳仏教の中心である日光の本宮と、下野国一宮として国衙の祭祀をを勤める下宮（宇都宮二荒山神社）は別の道を歩み始めることになった。

宇都宮が次第に日光から離れていくのは、下野国衙とのつながりが深まったことで、世俗権力との結びつきが強くなり、日光山俗別当宇都宮氏が下野国の有力豪族に発展していったためと考えてよいだろう。

南北朝時代の神道書『神道集』所収「宇都宮大明神事」は、「そもそも、この明神は、諏訪大明神には御舎兄」と、宇都宮二荒山神社に諏訪信仰が入っていたことを伝える。『神道集』は宇都宮の本地仏を忿怒形《ふんぬぎょう》の馬頭観音（本宮の本地仏）、女体の本地仏を阿弥陀如来（滝尾社の本地仏）

と説明する。諏訪信仰が加わり、日光三所権現の新宮（男体山信仰）が抜けた形である。下野国一宮として国衙の神事を行う宇都宮は、観音菩薩の霊場補陀洛山の信仰と重なる男体山を切り離し、国衙儀礼として類似性のみられる信濃国一宮諏訪社の神事を取り入れて、一宮神事を整備した可能性が高い。諏訪と宇都宮が兄弟神であると語られることは、諏訪の神が持つ狩猟神の性格が加わり、諏訪社臨時祭《すわしゃりんじさい》五月会流鏑馬《さつきえやぶさめ》・六月臨時祭《みなつきりんじさい》流鏑馬のような弓馬の儀礼が宇都宮社に取りいれられたことからもわかる。五月会の初見は建長五年（一二五三）である（「長専書状」中山法華経寺所蔵『天台肝要文』紙背文書）。京都や鎌倉の弓馬の儀礼で通用する諏訪大祝家《すわのおおほうりけ》の弓馬の芸が下野国に伝えられ、一宮神事で役を勤める国侍《くにざむらい》（武家）がそれを学んだ可能性を考えてよいだろう。

那須余一と下野国一宮神事

延慶本《えんきょうぼん》『平家物語』第六末「余一助高扇射事」は、屋島合戦（一一八五年）の一段である。ここでは、平家が女房を乗せた軍船の柱に扇を立てて広げ、これを射てみよと誘いをかけた。夕刻なので、今日の合戦はこのイベントで終わりと伝えるメッセージである。本来なら、源義経の軍勢で第一の弓の名手榛谷重朝《はんがやしげとも》が指名されるべきところである。

しかし、榛谷重朝は三浦氏の本拠地衣笠城《きぬがさじょう》（神奈川県横須賀市）を攻め落として三浦介義明《みうらのすけよしあき》を討った（一一八〇年）畠山重忠の一族なので、源義経から推挙を求められた御家人は三浦氏の前で榛谷重朝を推せないと判断し、沈黙した。この重い沈黙をやぶったのが後藤実基《ごとうさねもと》で、実基は那須余一《なすのよいち》資隆《すけたか》を推挙した。

那須資隆は、平家が示した扇の的を見事に射落としている。坂東武者が得意とする追物射《おものい》のような騎馬戦用の弓術ではなく、遠矢《とおや》に秀でていたことがわかる。この時、資隆は西海の鎮守宇佐八幡大菩薩と共に「(那須)氏《うじ》のうぶすな(産土)日光権現・宇津宮大明神」に祈念した後に、矢を射た。延慶本『平家物語』は、延慶二年(一三〇九)から三年にかけて根来寺《ねごろじ》(和歌山県岩出市)に伝来した写本を書写した奥書があるので、鎌倉時代後期には成立していたことが確認できる写本である。那須資隆の説話は、延慶本『平家物語』が書かれた段階で、日光権現(三所権現)と宇都宮大明神(名神大社二荒山神社)が別の社寺と認識されていたことを伝える。

二荒山神社下宮の宇都宮大明神は、一宮神事を勤める社となったことで、日光山とは別の性格を持つ神社に変化していった。那須氏がどのような弓射の訓練をしていたかは、第二章第二節の日光山別当隆宣解任につながる事件で述べる。

神祇官は、宇都宮の二荒山神社(下宮)・日光の二荒山神社(本宮)・中禅寺湖畔の二荒山神社(中宮祠)・男体山上の奥宮を一体とみなし、二荒神を祀る二荒山神社として認識していた。下宮の二荒山神社が下野国一宮となり、国衙の儀礼を執り行うようになって祭祀が変化した結果、分離したと考えてよいだろう。

五月会流鏑馬射手が武家に課役として課されて勤めるようになった鎌倉時代中期の建長五年（一二五三）以降の資料しか残っていないが、国衙軍制や国衙年中行事を考えれば、平安時代から行われていたことを推測してもよい。確実な史料は鎌倉中期の一二五〇年代、推定は十世紀の国衙軍制及び国衙年中行事の成立期である。諏訪信仰が加わったのは、国衙年中行事としての神事を行うため、二荒山神社下宮の神事を日光山の神事から一宮神事に組み替えた時と考えてよいだろう。下野国の武家が国衙が行う宇都宮社五月会のような大祭で役を勤めるためには、儀式用の弓馬の芸を身につけることが必要になる。下野国の武家は、信濃国一宮諏訪社を中継点として、京都で行われていた儀式用の弓馬の芸を習得する必要があった。

『平家物語』に突然登場する那須資隆の背景には、下野国一宮宇都宮社の神事があった。那須氏が日光山と宇都宮を別の社寺と認識するのは、神祇信仰と天台仏教の禁忌により神域での狩猟を禁止する日光山と、弓射の儀礼を重んじる一宮神事を開催する宇都宮社を別のものと認識していたためである。

第二節　平安文化の光と影

宇都宮氏の登場

図一　僧位一覧

僧位		相当する地位	対応関係
法印	僧綱	公卿待遇	僧位のみは非参議、僧官により対応する官位が決まる
法眼		四位相当	僧位のみは散位、僧官により官位相当が細かく適用
法橋		五位相当	僧位のみは散位、僧官により官位相当が細かく適用
大法師	凡僧	正六位上	僧位のみは散位、役職を勤める僧は法橋昇進対象者
法師		不明	僧位のみは散位、役職を勤める僧は大法師昇進対象者
満位		不明	夏安居を五回勤めると法臈五年で入位から昇進
入位		不明	初任の者に授ける僧位

＊法印は律令が定める「貴」、法眼・法橋は「通貴」に属する。法橋以上が僧綱制の構成員となる。入位・満位の者は玄蕃寮や所属する寺院が持つ名簿に記載されていれば、条件を満たした者は申請によって承認される。大法師から法橋への昇進は身分が変わることになるため、宗派・寺院の定める昇進の条件を満たし、叙位（追加の昇進）・除目（追加の補任）・僧事（僧侶の除目）で承認されれば、昇進する。

延暦寺の僧宗円（宇都宮氏の祖）が日光山第十二代別当に補任され、京都から日光に下向したことで、日光は山岳仏教寺院から天台顕教寺院に変わっていく。ここを始点と考えれば、『日光山別当次第』の伝える永久元年（一一一三）が転機の年として浮かび上がってくる。

『日光山別当次第』は、前半部分で、日光山の堂舎がどのように形成されていったかの来歴を叙述している。この本は、鎌倉時代から安土桃山時代にかけて三回の増補が行われた書継本《かきつぎぼん》である。初回が鎌倉時代の文保年間（一三一七〜一九年）、二度目が応永二十八年（一四二一）、最後が慶長十四年（一六〇九）である。原型が成立した文保年間は日光三所権現が成立した後なので、それ以前の状況は本書に記された来歴から読み解くしかない。本稿では、文保年間に成立した部分を資料として用いる範囲とする。本書の原本は所在不明であるが、『大日本史料』に引用文が掲載され、東京大学史料編纂所が確認した時点の所蔵者が記録されている。

京下りの宗円を園城寺僧「三井寺禅師宗円」（『中右記』）とする主張がある。誤った解釈を流布させてはいけないので、否定しておく。禅師は、寺院の堂舎で常行三昧《じょうぎょうざんまい》などを行う堂僧《どうそう》である。天台顕教では、常行堂《じょうぎょうどう》などで常行三昧を行い、禅定《ぜんじょう》（瞑想によって心を静め、正しい智慧を得ること）を遂げた者を禅師《ぜんじ》とよぶ。教学と事相《じそう》を学ぶことで鎮護国家に関わる仕事を勤める学侶に対し、寺院の堂塔院家の日常の運営を行う下級の僧侶である。

日光山十二代別当宗円は、大法師《だいほっし》宗円と地位を表現している（『日光山別当次第』）。僧官僧位で大法師を説明すると、僧綱《そうごう》を構成する法印《ほういん》・法眼《ほうげん》・法橋《ほっきょう》の下の僧位である。延暦寺の場合、大法師が天台三会《てんだいさんえ》（法勝寺大乗会《ほっしょうじだいじょうえ》・円宗寺法華会《えんしゅうじほっけえ》・同最勝会《さいしょうえ》）の講義を勤めると已講《いこう》の資格を得る。天台顕教の場合、三会已講《さんえいこう》が大法師から法橋に昇るための条件である。

大法師の仕事は、延暦寺が引き受けた鎮護国家の法会（顕教）・修法（密教）の準備や裏方を勤めること、所属する院家堂塔の運営や寺領の経営にあたること、本山が勤める長日不断《ちょうじつふだん》（期間中は中断することなく行う供養や法会）の読経《どきょう》や真言《しんごん》を輪番で勤めることなどがある。

長々と説明したのは、大法師が『平家物語』や『太平記』をはじめとした文学・記録で衆徒《しゅと》（僧兵）

となる非日常の姿は有名でも、延暦寺と所属する院家堂塔の運営、延暦寺が勤める法会の脇役や裏方を勤める日常が知られていないためである。附言しておけば、顕教の已講と密教の阿闍梨（役職名）は同等の地位である。読経をするのが顕教の大法師、修法や供養で真言を唱えるのが密教の阿闍梨職である。法灯《ほうとう》の後継者に伝法灌頂《でんぼうかんじょう》を授ける伝燈阿闍梨《でんとうあじゃり》とは、別なので区別する必要がある。

大法師の仕事がわかれば、日光山十二代別当宗円が延暦寺で何をしてきた人かは推測がつくであろう。脇役・裏方として、天台顕教の法会の仕事を勤めてきた人である。儀式の記録などでは大法師何人と人数で括られることが多いので、延暦寺の記録に宗円の名は見えない。一方で、宗円が別当を勤めた頃から日光山は天台顕教の寺院として特色を示し始めていた。宗円の背後に、比叡山延暦寺があることは考えておく必要がある。日光山が山林修行から天台顕教へと進むべき方向を変えたのであるから、宗円の存在を否定してしまうのは誤認の可能性が高い。

下野国一宮二荒山神社

下野国府《しもつけこくふ》は、下野国庁跡《しもつけこくちょうあと》（栃木県栃木市田村町）が発掘調査で確認されている。国府町西国府の地名も隣接し、下野国総社大神神社《おおみわじんじゃ》（栃木県栃木市総社町）もある。この地域に、国衙を中心とした中世都市が形成されたと推測してよい。下野国の国衙領《こくがりょう》の年貢が集積され、国衙の官人《かんにん》が館を

1-4　日光二荒山神社

構え、必要に応じて国侍《くにざむらい》（国衙に登録している武士や荘園の現地管理者）や神主・僧侶などの人々が集まる地方都市である。この地域は、下野国衙の在庁官人と鎌倉幕府の下野国守護を兼ねることになる小山氏の勢力圏である。

一方、下野国一宮となった下宮の二荒山神社は、日光山が管理していた。日光山別当は、神主ではなく社僧の役職である。日光山の社会的地位を表すのは正二位二荒山神社であるが、その祭祀を神主が主導していることを示す平安時代の確実な史料が残っていない。世界宗教として共通理解を維持するために情報の文字化を怠らない仏教と、神を敬うことを儀礼と作法で示す非文字の宗教を形成していた神祇信仰の差が、こういうところに現れてくる。どちらが進んでいるかという問題ではなく、信仰の形態の問題である。

神仏習合になっても、神前で神事を行うのは神主である。鎌倉の鶴岡八幡宮も、法会・修法を行うのは鶴岡八幡宮の上宮社頭《じょうぐうしゃとう》（上宮廻廊前の平場）までであり、廻廊内では神主と巫女が神事を行い、社僧は廻廊に着座して神事に参列する役割である。現在の宇都宮神社の地形をみると、上宮廻廊内に相当する場所が神社として残り、上宮廻廊の下に平場（駐車場）がある。中腹には、摂社《せっしゃ》が祀られている。また、石段の下に大きな平場が設けられている。一宮として国衙と共催の神事を催すことを考えれば、上宮廻廊内に入れる俗人は国司や有力在庁《ゆうりょくざいちょう》といった限られた人々のみなので、神事に参列する多くの人々は石段下の平場（下宮のあった場所）で催される催事を観ることになる。関東に残る一宮として宇都宮二荒山神社の境内は狭いが、一宮として持つべき空間構成が駐車場として平場が残ったおかげでよくわかる。

一宮は国衙が執り行う大規模な神事・行事を催す会場なので、荒神を祀る日光二荒山神社（本宮）の神事を、そのまま国衙年中行事に持ち込むわけにはいかない。信濃国一宮諏訪社の信仰と神事を取り入れなければならない理由は、そこにあると推測している。宇都宮と諏訪が兄弟神とされ（『神道集』）、宇都宮を舎兄、諏訪を正嫡とするのは、宇都宮社が諏訪社の一宮神事を取り入れて、下野国一宮神事を調えたことを表現していると考えれば理解しやすい。

まとめると、二荒山神社は、火山神として顕現した二荒神を祀る日光の二荒山神社（本宮・中宮祠・奥宮）が勝道の補陀洛信仰と習合して山岳信仰の性格を強めていくのに対し、宇都宮の二荒山神社（下宮）は、諏訪社が持つ狩猟神の要素を取り込むことで下野国の国衙行政と結びついた一宮神事を執り行う神社に性格を変えていった。その結果、延暦寺の末寺として衆徒を抱える日光山とは別の道を歩み、宇都宮氏が宇都宮の二荒山神社を管理することで有力豪族に発展していくことになる。

漢詩文の世界

日光に対する平安時代の京都の人の認識は、文学作品からも知ることができる。

日光のことが京都に伝わった最初の資料は、既に述べた『性霊集』(八三五年頃)に収録された「沙門勝道歴山水瑩玄珠碑幷序」である。中国唐王朝の文化を吸収し、日本を文明国として発展させていく「文章経国《もんじょうけいこく》」の方針が強くでていた平安前期の唐風文化の時代である。この時期は、勅撰漢詩集の『凌雲集《りょううんしゅう》』(八一四年成立)、『文華秀麗集《ぶんかしゅうれいしゅう》』(八一八年)、『経国集《けいこくしゅう》』(八二八年)が相次いで編纂された。『性霊集』は、空海が起草した漢詩文や仏教儀礼で読み上げる諷誦文《ふじゅもん》・願文《がんもん》等を、弟子の真済が整理して編纂した漢詩文集である。『性霊集』は文人貴族にとっては教養の書であり、仏教を学ぶ学侶には法会や修法のために書く漢文の文例集となった。真言僧には、宗祖の記した重要な文献であり、同時に文例集であった。

儀式・法会では、長文の諷誦文・願文・祭文《さいもん》が漢文で書かれて読み上げられた。朝廷の大学寮《だいがくりょう》は、漢詩文を専攻する学科として、文章道《もんじょうどう》(漢詩・歴史)と明経道《みょうぎょうどう》(儒教)を設けていた。漢詩文の専門家は、行政文書・記録を執筆し、儀式・法会・修法で読み上げる格調高い文章を起草したので、『性霊集』は持っておくべき文例集とされた。藤原北家日野家・藤原南家・藤原式家・菅原氏・大江氏などの文章道を家学とした諸家、清原氏・中原氏といった明経道を家学とした諸家は、漢詩文の技術を磨くと共に、詩歌会で和歌と合わせる漢詩を詠むため、和漢の教養が必要とされた。身につかなければ「非職《ひしき》」として代々勤める官職を申請する要件を満たせない上に、家産の相続権を失うので、彼らは必死である。博識であると同時に技巧を凝らした作文が求められるので、文筆の専門家を補任する朝廷の官職はこれらの諸家によって寡占された。平安時代に日光山のことを書き残した文人貴族は、漢詩文の世界に属する人々である。

空海は、勝道と対面していないことを「幸にして下野伊博士公より、その情素の雅致を聞く」（『性霊集』）と、下野国に国博士として赴任した伊博士公からこの話を聞いたと表現している。国博士は、国衙に技官として置かれた官職で、六年を任期とした（『類聚三代格』）。空海は、弘仁五年（八一四）に「沙門勝道歴山水瑩玄珠碑幷序」を書いている。伊博士公は四本龍寺の開基である（『日光山別当次第』）。下野国に赴任している時期に勝道の後援者となり、男体山登頂禅定を支援した。「秩満ちて」は六年の任期満了を意味する。勝道は、帰京する伊博士公に自ら記録した補陀洛登山の文章を託し、京都の文人に碑文の起草を依頼したい旨を伝えた。伊博士公は勝道の依頼を旧知の仲である空海に説明し、引き受けてもらうよう交渉した。空海が起草した文章を真済が『性霊集』に収録しなければ、勝道の事績は埋もれたことになる。勝道碑文は空海の文章だから貴重なので、勝道の事績が評価された結果ではない。理由はともあれ、空海の文章が勝道伝説形成の起点となった。

中国唐王朝の衰退が顕著になったことで、中国文化の移入は国使である遣唐使から日本の博多と中国の寧波《ニンポー》を往来する海商の私貿易に変わった。朝廷主導の中国文化移入の時代が終わった十世紀に、日本は和の文化を重んじる国風文化の時代に転換していった。勅撰漢詩集から勅撰和歌集の編纂に変わり、宮廷社会における意思疎通が漢詩から和歌に置き換わっていった。国風文化になって、宮廷に出仕する女房や公家官人の妻女が文化の担い手として加わってきた。行政文書や儀礼で詠み上げる文章は漢文であるが、仮名で書かれた和歌や文学作品が登場し、「漢」に対する「和」の世界が形成され始める。

国風文化の日光

藤原道綱《みちつな》の母（関白藤原兼家《かねいえ》妻）の日記『蜻蛉日記《かげろうにっき》』百四十段「桶のふたら」には、二荒《ふたら》を詠みこんだ恋の和歌の贈答が記されている。

天禄三年（九七二）一月八日、夫藤原兼家の使者として来た侍《さむらい》が、日記の記主藤原道綱母に仕える女房に、その場で恋の歌を書き付けて送った。

しもつけや　おけのふたらを　あぢきなく　かげもうかばぬ　かゞみとぞみる

掛詞の「しもつけや」で地域を下野国に限定している。「桶の蓋」にかけた「ふたら」は二荒神と理解してよい。この侍は、道綱母に仕える女房に恋の歌を送った。下野産の桶の蓋は、曇って映らぬ鏡のように味気ない物だと詠んで、映し出されないあなたの姿を見たいとささやきかけた。侍が桶の蓋に載せて送った土器《かわらけ》に、女房が返歌を書いている。

さしいでたる　ふたらをみれば　みをすてて　このむはたまの　こぬとさだめつ

あなたの差し出した桶の蓋をみれば、私が身を捨ててお相手しても、魂の来ない人だとわかりますと、貴方の心は私の方を向いていないと返歌で断りを伝えた。二荒を男体山・女峰山の男女神で考えないと、「ふたら」でやりとりした恋の和歌の贈答は成立しない。十世紀は、律令国家から王朝国家へと日本の国家体制が変わり、文化も唐風文化から国風文化へと転換している。藤原道綱母に出仕する女房と藤原兼家が書状を持たせて派遣した使者の恋の歌のやりとりが日光二荒山神社の二荒神なので、この二人は「ふたら」を日光に顕現した産土神二荒神で認識している。

その後、清少納言の『枕草子』には、勝道伝説にもとづく神橋が書き残されている。

六四段

橋はあさむづの橋、長江の橋、あまびこの橋、濱名の橋、一つ橋、うたたねの橋、佐野の舟橋、堀江の橋、かささぎの橋、山のすげ橋（菅橋）、をつの浮橋、一すぢ渡したる棚橋、心せばけれど、名を聞くにおかしきなり。

清少納言は、後に明経《みょうぎょう》博士《はかせ》と大外記《だいげき》（局務《きょくむ》）を代々勤める家となる明経道清原氏（太政官弁官局の大外記を代々勤めるので局務清原氏ともいう）の出身である。清少納言は、当意即妙な話上手に止まらず、和漢の知識に富む博識である。もちろん、中宮御所に出仕する清少納言には、日光に行く時間はない。神橋（山菅橋）は和歌の名所ではないので、日本漢文から本宮（二荒山神社）の前に架かる神橋の逸話を知り、興味を持ったのであろう。「山菅橋」は、『日光山別当次第』でも使われている。勝道が大谷川を渡れない時に、深沙大王《しんさだいおう》が現れて川の上に蛇を投げて橋を架けたので山菅の蛇橋と呼ぶ伝承は、「補陀洛山草創建立記《ふだらくさんそうそうこんりゅうき》」（『神道大系　神社編　日光・二荒山』）に出てくる。「蛇橋《じゃばし》」は、鎌倉時代に加えられた伝承の可能性が高い。

「中禅寺私記」の世界

鳥羽院政の保延七年（一一四一）七月三日に、文章道博士家《もんじょうどうはかせけ》の藤原式家《ふじわらしきけ》の藤原敦光《ふじわらあつみつ》が書いた「中禅寺私記」（『群書類従』・『神道大系』）が、院政期の中禅寺の状況を伝える。男体山の登山口に大きな伽藍があり、それを中禅寺と呼ぶ。中禅寺は、丈六千手観音像《じょうろくせんじゅかんのんぞう》を本尊としたと記している。敦光は、「中禅寺私記」の本文に、「沙門勝道歴山水瑩玄珠碑并序」を読んで参考にしたと記している。『性霊集』が編纂された後の情報をどこから入手したかが問題である。

中禅寺湖の湖畔には日輪寺があり、不動明王・降三世明王《ごうざんぜみょうおう》・軍荼利明王《ぐんだりみょうおう》・大威徳明王《だいいとくみょうおう》・金《こん》剛夜叉明王《ごうやしゃみょうおう》の五大明王を安置していたと記している。これは真言宗系五壇法《ごだんほう》に用いる明王の列記で、天台宗系は金剛夜叉明王ではなく烏枢沙摩《うすざま》明王《みょうおう》を用いた。日輪寺は真言宗系の五大堂とわかる。息災調伏《そくさいちょうぶく》に強い効験があるとされた五壇法を行う真言宗寺院日輪寺が中禅寺湖畔に建てられたのは、荒神である二荒神を鎮めるための祈祷を行う寺院が必要と判断された可能性を示している。日光山が、延暦寺の末寺となる以前に創建された寺院の可能性が高いだろう。中禅寺の五大堂は、廃寺となった日輪寺を吸収し、日輪寺の事相《じそう》（修法の作法や技術）を取り込んだと推測してよい。宗派が違うので作法も異なるが、日輪寺の五大明王は中禅寺に移され、怨敵調伏《おんてきちょうぶく》の仏として鎮座している。

　宗円・聖宣と延暦寺系の日光山別当が姿を見せるようにはなったが、もともとは南都六宗の華厳宗の可能性が高く、衆徒から別当を選任して継承してきた日光山である。延暦寺の影響力が決定的に強くなって、延暦寺の末寺として安定するのは鎌倉時代中期である。

「中禅寺私記」は、最後の「正四位下《しょうしいげ》行《ぎょう》右京大夫《うきょうのたいふ》兼《けん》式部少輔《しきぶのしょうふ》敦光《あつみつ》朝臣《あそん》作《さく》」が、入れなければよいのにと思う余計な追筆である。保延七年の藤原敦光の官位は正四位下《しょうしいげ》行《ぎょう》式部大輔《しきぶのたいふ》である。式部省の次官で、文章道を専門とした技官の家が勤めることのできる最上位の官職まで昇進していた。名前の書き方は、官位に続けて書く場合は「藤原朝臣敦光」と記すのが原則である。本人が、官位制による名前の書き方を間違えることはない。本文中にある「吏部侍郎《りぶじろう》」は式部大輔の官職唐名《かんしょくとうめい》（中国風に表記した通称）なので、本文中の表記は正しい。最後にある追筆が表記を間違ったことで史料的な評価を下げた事例である。

敦光が「中禅寺私記」を書いたのは、宗円大法師が日光山別当として下向してから三十年を経ている。この時期は、衆徒から選任された別当が続いている。その後、延暦寺の教学を学んだ聖宣が、別当に就任した。延暦寺が末寺の情報として日光山の情報を集積していたことは、考えてよい。敦光の子光縁《こうえん》や甥の俊慶《しゅんけい》・心覚《しんかく》など、親族には延暦寺の中堅層となった僧侶がいる。兄藤《ふじ》原敦基《わらのあつもと》は、上野国の新田義重《にったよししげ》の外祖父である（『吾妻鏡』）。義重の弟下野国足利庄の足利義康《あしかがよしやす》は在京する京の武者で、鳥羽院政派の武家である。日光の情報は、親族の縁を頼って足利氏から聞くことも可能である。藤原敦光は、延暦寺からも、地元の武家からも情報を取れるので、「中禅寺私記」を書く気になれば、情報を集められる人々が周囲に存在する。

道珍大僧都《どうちんだいそうず》に仮託するが、鎌倉時代の写本である『滝尾建立草創日記《たきのおこんりゅうそうそうにっき》』など、日光で書かれた書物に依拠する必要があるのかを考えれば、日光に関わる地元の資料に情報源を限定する必要は無い。末尾の追筆は明らかに誤りであるが、本文は藤原敦光が執筆した院政期のものか、敦光に仮託した鎌倉時代の文人の執筆かは即断をさけた方がよいだろう。日光のことを書き残した人々は漢詩文の世界に属する文人が多い。『性霊集』の影響が大きかったことは考えてよいだろう。

日光の星神信仰

日光山の信仰のもうひとつの特徴が、妙見信仰《みょうけんしんこう》である。日光に伝わる伝承では勝道まで遡るが、日光山に伝わる妙見菩薩の法会は属星供《ぞくしょうく》と組みで取り入れているので、宿曜道《すくようどう》と重なって密教化した妙見信仰である。妙見信仰は、奈良時代に日本に伝来した初期の信仰と、天台教学を体系的に整理した安然《あんねん》（八四一～没年未詳）以後の妙見信仰の二段階がある。奈良時代の妙見信仰は経典は伝わっているが、法会を具体的に行う作法・次第・荘厳《しょうごん》（壇飾りなど会場づくり）といった事相《じそう》（実践のための知識と技術）が伝わっていない。

『日光山別当次第』が伝えるのは、天台密教として整えられた十世紀以後の星供《ほしく》としての妙見信仰である。真言密教になるが、小野僧正仁海《おののそうじょうにんがい》（九五一～一〇四六）の『小野六帖《おののろくじょう》』の一冊『宿曜《すくよう》私記《しき》』が成立した頃と考えれば、十世紀・十一世紀に形成された妙見（延暦寺）・尊星王《そんじょうおう》（園城寺・真言宗）と北斗七星の一星を祀る属星供が今日に伝わっていると考えてよい。日光に見られる星神信仰の妙見は、延暦寺の天台密教が行った星神信仰の名残りと考えてよいものである。

輪王寺には、北斗七星の古神面が残されている。日光山の記録では、常行堂で行う修正会《しゅしょうえ》の中で、摩多羅神《またらしん》を供養する際に北斗七星を祀ったことが記されている。日光山は、別当聖宣の時代に延暦寺の様式で常行堂を創建した（「輪王寺文書」）。常行堂の後戸《うしろど》（本尊の背後の空間や背面の扉）を守る伽藍神《がらんしん》摩多羅神は中国の土俗的な神で、道教の死を司る神北斗（北斗七星の神格化）を眷属《けんぞく》として従えている。この古神面は、常行堂修正会で使われたものと推定されている。

それと共に、記憶力を高めることを祈願して行う『虚空蔵求聞持法《こくうぞうぐもんじほう》』で祀られる明星天子《みょうじょうてんし》も崇められている。護法神として登場する明星天子は、日光に数多くある星宮神社《ほしのみやじんじゃ》と絡んでいる。

星宮神社は、明治政府が奈良時代から江戸時代までの神仏習合を止め、神仏分離を行って一体のものとなっていた寺院と神社を切り離した時に、星神とかかわるさまざまな神仏を星宮神社の枠組みにはめ込んでいる。今の星宮神社は、古代・中世から行われている星読みや星祭の系譜を引くものだけではない。日光の星宮神社縁起は勝道に絡めて語られているが、日光山は十世紀に再構築された天台教学や宿曜道の星神信仰なので、勝道の時代まで遡らない。星神信仰が、日光でどのように展開していったかは考えてみる必要がある。

第三節　宇都宮氏の登場

大法師宗円の日光山下向

『日光山別当次第』は、宗円大法師の日光山別当補任を永久元年（一一一三）八月としている。中世温暖期とよばれる温暖な気候を背景に、東国の開発が積極的に進められた時代である。

宗円の持つ僧位大法師は、法橋の下である。法印・法眼・法橋の僧位を持つ者は僧綱《そうごう》とよばれる顕密仏教の僧侶を統括する機関の構成員となる。法橋と大法師の間には、身分の違いがある。法橋や密教の阿闍梨職以上は、朝廷が催す仏事・法会（顕教）・修法（密教）で大阿闍梨《だいあじゃり》の着座する大壇《だいだん》に並んで設置される脇壇《わきだん》の阿闍梨など役が割り振られる。鎮護国家の祈祷に名を連ねる立場なので、京都を長期に不在する際には朝廷の許可が必要となる。修法や加持祈祷のために招かれた時に不在だと、正当な理由がなければ無断欠席となり、処分されることもある。

大法師以下の僧位の僧を凡僧《ぼんそう》という。大法師は、朝廷の正六位上《しょうろくいじょう》の下級官人が相当する地位である。凡僧の中には、儀式運営の担当として裏方を差配する承仕《しょうじ》や、御所に出仕して御斎会の読《どく》師《し》を勤めたり、夜勤をする内供《ないく》のように京都を離れられない役職を勤める人もいるが、法会の運営に必要な人数が確保できていればよいので、僧綱に昇ることを考えない人は本山を長期不在しても問題は少ない。宗円大法師は、日光山別当就任にあたり、日光山に赴任することの許可をとって下向したのであろう。

このあたりは、宗円が在任三年で亡くなったので、日光山の祭祀と所領経営を勤めるために下向したのか、日光山に骨を埋めるつもりで下向したのかはわからない。宗円大法師を宇都宮氏の祖として語ってしまうと、下向土着という前提が成立するが、延暦寺に話しのあった別当派遣の要請を引き受けただけの可能性も排除することもできない。在任中の死亡なので、どちらの可能性もある。

『尊卑分脈《そんぴぶんみゃく》』によれば、大法師宗円は関白藤原道兼《ふじわらのみちかね》（九六一〜九九五年）の子孫である。道兼の嫡子兼隆《かねたか》（九八五〜一〇五三年）は正二位中納言《しょうにいちゅうなごん》まで昇進したものの、摂関家の嫡流は叔父の道長の家に移ってしまったので、道長の子に次々と昇進を抜かれる悲哀を味わった。兼隆の子の代になると、真言僧の行禅《ぎょうぜん》が真言宗の宗務を執る東寺一長者《とうじいちのちょうじゃ》まで栄達したものの、官人を勤めた子は四位の殿上人《てんじょうびと》で昇進が頭打ちになり、公卿に名を連ねた人はいなかった。

日光山万願寺は、開山の勝道以来、日光山の衆徒から別当を選んで運営してきた。顕密寺院から迎える別当は、宗円が初めてである。宗円は顕教僧なので、密教の修法や加持祈祷を習得していない。日光山は、宗円によって本山延暦寺で行われている顕教の法会の作法や儀礼を学び、山岳仏教寺院から天台顕教寺院へと舵を切っていくことになった。

宗円は、日光山別当を勤めるために延暦寺から赴任したので、そのために必要な仏典や典籍・記録や日光山経営の要員となる人々を、延暦寺から日光山に持ち込まなければならない。普通の人事ではなく、延暦寺の末寺にふさわしい天台顕教寺院に作り替えるための赴任なので、十分な人の確保と法具の用意が必要であった。宗円は在任三年で死去したが、宗円が残した人材や仏典が、日光山を天台教学の学山へと発展させていく出発点となる。宗円には、延暦寺での経験と実績がある。宗円の考えていることを理解して動ける人が一緒に居なければ、組織を動かすことはむずかしい。家族や同宿の僧などを伴って日光山に入り、日光山の衆徒の意識を変えていかなければ、山岳仏教から延暦寺末寺への変革を行うことは容易ではないだろう。しかし、治山（治めた期間）が三年は短すぎた。宗円の後任は再び衆徒から選ばれた別当になる。ただし、延暦寺との間に形成された絆は残り、聖宣の時代に日光山に延暦寺の様式で整備された常行堂が建てられ、法会や儀礼が行われるようになる。日光山の意識が変わるためには、一世代の世代交替が必要だったと考えるとよいのかもしれない。

『尊卑分脈』は、宗円が下野国一宮名神大社二荒山神社（宇都宮）の社務を勤めたとも記している。この表記は南北朝時代のものなので、額面通りには受け取れない。宗円大法師・宇都宮宗綱が日光山と関わりを築いた時には、日光山の二荒山神社と宇都宮の二荒山神社が別の神社と認識されていたか、つまりは下野国一宮二荒山神社（宇都宮明神）が日光山の本宮から分離していたかは明確ではない。宗円が日光山別当に補任されれば、下宮宇都宮の二荒山神社も管理下に入る。宗円の日光山別当は、二荒山神社本宮（日光）・二荒山神社下宮（宇都宮）・二荒山神社中宮祠（中禅寺湖畔）・二荒山神社奥宮（男体山上）・中禅寺（神宮寺）・万願寺（四本龍寺から発展）を含む神仏習合による日光山の社寺群を管理する総合的な役職だったと考えている。山岳宗教から発展しているが故に、中世日光山の領域に、神社・寺院・院家・堂塔が広域に散在する形態を取っていたのである。

宗円の実家である道兼流の衰退は、摂関政治から院政へと政治体制が変わっていく時期に、後三条天皇・白河法皇に忠実に仕える院政派の人々の台頭によって地位を奪われたことで急速に進んだ。宗円が兄の家に養子に入れた兼仲《かねなか》は四位少将《しいのしょうしょう》どまりである。四位の位階まで昇ったものの、官職は五位の近衛少将までしか昇らなかった。かろうじて、殿上人の地位を保った状態である。実家の凋落を観ている宗円が、京都でも知られた地方寺院の別当補任を悪い話とは考えず、引き受けて下向した可能性は極めて高いだろう。

複雑化する日光と宇都宮の関係

日光には、日光火山群に顕現した正二位の神階を持つ二荒神を祀る二荒山神社がある。成立期の宇都宮明神《うつのみやみょうじん》は二荒山神社の下宮と考えてよいが、神祇官や下野国衙は下宮（里宮）を交渉の窓口としたので、世俗の世界からみれば下宮が二荒山神社の所在地となった。『延喜式』「神名帳《しんめいちょう》」が二荒山神社を河内郡（宇都宮二荒山神社）で登録したのも、朝廷が二荒山神社と交渉する場所が宇都宮になったためと考えればよい。内宮《ないぐう》・外宮《げぐう》の関係で考えれば、外宮の役割である。日光山別当が朝廷や国衙と交渉を行う時は、日光から宇都宮に降りてくると考えれば、世俗の人は仕事で日光山に登っていないことになる。

平安時代に一宮制度が成立して二荒山神社と下野国衙との交渉が頻繁になると、国衙は交通の便のよい二荒山神社下宮（里宮）で国衙儀礼として一宮神事を行った。二荒山神社本宮では、国衙や参加するために集まる地方豪族の負担が大きいことが理由であろう。その結果、宇都宮の二荒山神社で国衙との交渉にあたる俗別当宇都宮宗綱《うつのみやむねつな》（宗円大法師の子）の発言権が大きくなる。

二荒山神社下宮を宇都宮明神（明神は神道の神の仏教的表現）と認識して独立した神社と考えるようになったのは、下野国衙の立場からみれば、宇都宮の二荒山神社下宮に居る俗別当宇都宮宗綱と話をし、宇都宮宗綱が日光山内の調整をして二荒山神社側の対応を国衙に伝えるので、宇都宮氏の持つ俗別当の発言権が大きいと認識したためと考えると、理解しやすいだろう。権限は日光山別当の方が強いが、俗別当宇都宮宗綱は国衙の主張を通さなければならないので、日光山別当の意思に全面的に従うことのできない立場である。

日光山と宇都宮が完全に分裂するのは、日光山別当聖宣の後継争いで宇都宮氏が聖宣の推す隆宣に対立した禅雲を推して戦った治承元年（一一七七）と推測しているが、この経緯を語る史料は『日光山別当次第』以外にない。日光と宇都宮が分かれた後、宇都宮が持っていた対外交渉の窓口の役割は押原御所《おしはらごしょ》（栃木県鹿沼市）に移されたと推測している。

日光山と宇都宮の分裂は、信仰の形態にも変化を与えた。

神仏習合によって、男体山（本宮・千手観音）・女峰山（滝尾社・阿弥陀如来）を双頭とする日光の二荒山信仰の本地垂迹が形成された。少し先走るが、男体山は修験道の日光三所権現が成立した時に新宮とされ、太郎山が本宮に改められている。ただ、平安時代は男体山を本宮と考えないと

『蜻蛉日記』の叙述が破綻する。鎌倉時代に、弁覚が熊野修験を日光に持ち込んだことによって、二荒神から日光三所権現に日光山の信仰で変容する。鎌倉時代に、本宮が男体山から太郎山に変えられたと考えてよいだろう。

南北朝時代の『神道集』は、宇都宮二荒山神社の本尊を忿怒形《ふんぬぎょう》の馬頭観音（太郎山）、女体を阿弥陀如来（女峰山）と記している。千手観音（男体山）を外しているので、宇都宮の二荒山神社は二荒神の形式を維持している。忿怒形の馬頭観音を本尊とするのは、日光三所権現の影響と観られる。新たに加わった御子神《みこがみ》の太郎山を本尊とし、男体山を外す組み替えで、二荒神の形式を維持した。神祇信仰においても仏教においても日光山の信仰の中核に位置する男体山を外したことは、宇都宮が日光山の影響下から完全に離脱したことを意味する。

神仏習合は京都周辺の顕密仏教寺院や神祇官所管の二十二社に入ってきて、神と仏のどちらが本体（実）でどちらが教化のための仮の姿（権）かを議論する権実論が展開した。仏教側が優位であれば僧綱制による寺院、神祇側が優位であれば大宮司の制度をとる神社となり、中間で均衡してしまうと宮寺《ぐうじ》になる。石清水八幡宮・祇園社・北野天満宮・鶴岡八幡宮が宮寺である。日光山は、仏教側が優勢を確保したので神を権現《ごんげん》（仮の姿で現れたもの）と表現する。しかし、日光山万願寺は私寺なので、朝廷の玄蕃寮の管理下には入らない。一方で、二荒神は正二位の神階まで授かった神祇官が管轄する産土神である。そのため、日光山が朝廷に対して交渉を行う時は、神社として向かい合うことになる。この捻れが、日光山が寺院とならず、宮寺とならざるをえない理由となる。神祇官が権威を持つ存在として登場してくることが、平安時代後期から鎌倉時代の日光山の動向を理解する重要な鍵となる。

二荒山神社下宮（下野国一宮）は、国衙の儀礼を受け入れる一宮として神事・仏事を行った。しかし、日光山の社僧が仏事を管理しているので、日光山から完全に分離したともいいがたい。平安時代前期までは、宇都宮の二荒山神社は外界との交渉の窓口となる下宮（外宮・里宮）でよかったが、世俗との関わりが強まれば強まるほど、山林仏教から天台顕教に変容し、延暦寺の末寺としての立場を強めていく日光山とは距離ができていくのである。

修学の山として発展を始めた日光山

日光山十二代別当宗円は、治山三年と記録される。足掛けで数えるので、就任から三年目の永久三年（一一一五）に亡くなっている。この後、日光山別当は快舜《かいしゅん》・有尋《ゆうじん》・良重《りょうじゅう》と日光山衆徒の中から選ばれたので、宗円が行おうとした天台顕教寺院への転換は、一時足踏みすることになった。ただ、宗円と共に日光山に入った子の宇都宮宗綱は神祇官符《じんぎかんぷ》により日光山俗別当に補任されたので、宗円の家族は下野国を立ち去らずに済む基盤を維持していた（『日光山俗別当次第』）。宗円の一族は京下りなので、宇都宮社の経営に関わるうちに、神領に食い込んでいったことを推測してよいだろう。

宗円が亡くなった後、「二荒山一切経《ふたらさんいっさいきょう》」（日光市指定文化財 写経本・版本『大般若経』三二一点）の書写が始まる。有力な檀越が日光山にいれば、檀越が『宋版一切経《そうはんいっさいきょう》』を輸入して寄進する。奥州藤原氏は、藤原秀衡《ふじわらひでひら》の時代に中国明州吉祥院《ちゅうごくめいしゅうきっしょういん》の『宋版一切経』を輸入している。清衡の時代は、手の込んだ装飾を施した写本である。「二荒山一切経」をみると、日光山は書写によって一切経を揃えようとしていた。『宋版一切経』は、北宋時代の勅版で五〇四八巻、南宋時代の福州版で概数七〇〇〇巻となる経典の叢書である。日光山が一切経を揃えるためには、長期にわたって日光山の僧侶が滞在し、書写の作業にあたる必要がある。

清滝寺《せいりゅうじ》が所蔵する経典のうち、平安時代から鎌倉時代と特定されるものは一八三点のみである。写本と版本があるが、現存するのは『大般若波羅蜜多経《だいはんにゃはらみたきょう》』といった代表的な経典なので、これは勧進《かんじん》によって写経してもらうことが可能である。しかし、一切経を揃えるとなると、日本仏教が使わない経典も書写するので、所蔵者が一切経書写を認めなければ収集できない経典がある。平安時代後期の日光周辺で一切経を誰が所持していたのかを考えれば、奥州藤原氏が創建した中尊寺の中尊寺経《ちゅうそんじきょう》（京都国立博物館所蔵・高野山金剛峯寺所蔵）とよばれる紺紙金銀字《こんしきんぎんじ》の一切経以外に思いあたらない。書写年代は、藤原清衡が当主であった永久五年（一一一七）から天治二年（一一二五）までの八年間と推定されている。宗円は亡くなっているが、彼が日光山に伴った人々や、俗別当宇都宮宗綱が活動している。日光山衆徒には理解できなくても、南都北嶺の活動を理解している人々は、教学の本としての価値だけではなく、一切経を所有する事が寺院の権威となることを知っている。奥州藤原氏が平泉の天台寺院で一切経書写を始めたことを、延暦寺の末寺として日光山を整えていこうとする人々が見過ごさないことは考えておく必要がある。

　中尊寺は天台宗なので、同じ宗派の日光山が一切経書写を申し出れば厚遇したことは考えてよい。輪王寺には、藤原清衡一周忌供養のために大治四年（一一二九）七月十三日に書写した『紺《こん》紙金字法華経《しきんじほっけきょう》』八巻が伝わっている。これは、「天和三年（一六八三）四月」に江戸幕府の使番《つかいばん》中坊秀時《なかのぼうひでとき》が大猷院《だいゆういん》に寄進したと箱書にある。中坊秀時は、天和元年から江戸幕府の使番を勤めて、遠国奉行等の巡察や監督をしていた。日光奉行もその巡察・監督の対象に入る。秀時が日光に派遣された時に、駿河台中坊家の文庫に所蔵していたものを大猷院に寄進したと推測している。

　「二荒山一切経」は、日光山が中尊寺一切経の書写を行った一大事業であったと考えてよいのであろう。宗円が山門派（延暦寺系）であることは推定の範囲を出ないが、衆徒が選んだ別当が勤めている時期であっても、日光山を天台顕教寺院として整備していく動きが止まらなかったことは、宗円の遺風と考えることができる。

日光山別当聖宣

衆徒から選ばれた別当が三代二十二年続いた後、保延元年（一一三五）に光智房聖宣が別当に補任された。『日光山別当次第』は、聖宣を「顕密達者《けんみつのたっしゃ》」と表現するので、密教も学んだことがわかる。

延暦寺は、教義の説明ができるように修学に来た者にも密教を教えていた。ただし、事相《じそう》とよばれる修法の運営方法や作法・儀礼といった密教の秘儀は、師資相承の秘儀伝授《ひぎでんじゅ》として教えなかった。聖宣は、顕教については碩学になったが、密教は知識として修得しただけで、修法が行える水準まで到達していなかったと考えてよい。聖宣は修学に熱心であり、「当山学文の始め」と『日光山別当次第』は記している。伝世する文化財からも裏付けられることなので、この表記に誤りはない。

聖宣が日光山別当として山務を執り、学僧として修学を続けていく時期に、日光山が天台顕教寺院として整備されていくことは、平安時代の文化財からも裏付けがとれる。勝道は山林修行の人、瞑想などの行《ぎょう》を重んじるので、仏典を読んで考え、議論をすることで知識を深めていく顕教の学風は持っていない。宗円が日光山別当を勤めるために本山から持ち込んだ聖教《しょうぎょう》・典籍は、亡くなった後に日光山常住物《にっこうさんじょうじゅうもつ》として寺院所有になったと推測している。宗円の後継者が武家になっていることからも、聖教は継承しなかったと推測してよい。聖宣が「当山学文の始め」と言われるのは、宗円の遺産として日光山所有となった延暦寺顕教聖教や『二荒山一切経』にみられる仏典集積の成果が現れはじめ、天台顕教寺院としての活動が活発化したことによると考えている。

聖宣は、保元三年（一一五八）に延暦寺の大法師《だいほっし》寛朗《かんろう》から五条《ごじょう》袈裟《けさ》十四具を送られた（「輪王寺文書」）。聖宣は、日光山に延暦寺を模した常行堂を建立し、『摩訶止観《まかしかん》』にもとづいて常行三昧を行う禅衆《ぜんしゅう》を定めたと延暦寺の寛朗大法師に返信を書いている。

常行三昧は毎日行う不断の仏事であるため、担当十四人を定めたと書いている。五条袈裟が十四具送られたことは、担当十四人の禅衆分と考えてよいだろう。聖宣は、寛朗に送る礼状に「日光山常行堂検校法師聖宣」と記している。聖宣が日光山別当であることを考えると、新設した常行堂を運営する「日光山常行堂検校」を委せることのできる僧が見当たらず、兼務の役職として礼状を送ったという事になる。

輪王寺に残る中世史料は、阿弥陀信仰によって常行三昧を行う常行三昧堂が中心である。また、常行三昧堂の後戸を守る摩多羅神も祀られる。日光山は、延暦寺と平泉の影響を強く受けているので、摩多羅神が延暦寺から勧請《かんじょう》されたものか、それとも毛越寺《もうつうじ》から勧請されたのかは、確定する史料がない。延暦寺と奥州藤原氏の支援を受けているので、どちらとも言いがたい状況である。

聖宣が記した「（伝燈）法師」は僧位である。書状の送り先である寛朗には「伝燈大法師」と僧位を記している。大法師の下が法師で、法師の下は法臘《ほうろう》五年（一年の締めくくりである夏安居《げあんご》を五回勤めた経歴を持つ者）の条件を満たした満位《まんい》、その下は官僧として出仕を始めた新任に授ける入位《にゅうい》である。聖宣は、日光山別当として本山とやりとりをするため、僧官僧位を持つ官僧の世界に身を置いていた。ただ、朝廷が延暦寺に依頼する鎮護国家の法会・修法の役を勤める立場にないので、僧官僧位が上昇する機会は中々なかった。延暦寺の末寺として組織を整える日光山、聖宣は日光山生え抜きの別当で僧官僧位を帯びたことを史料から確定できる最初の人物である。

聖宣は、治山四十二年というので、保延元年（一一三五）から治承元年（一一七七）まで日光山別当を勤めたと推定される。日光山を延暦寺の末寺とする仕事の仕上げをした人物と評価するのがよいのであろう。

下野国内での日光山の地位と武家宇都宮氏の成立

日光山を管理する役所は、朝廷の神祇官である。神仏習合によって社僧が山務の主導権を握っているが、朝廷が把握しているのは正二位の神階を持つ二荒神を祀る二荒山神社である。下野国衙も、国衙行政の一環として下野国一宮二荒山神社（宇都宮明神）とつながりを持っている。日光山別当は実質的な日光山の管理者であるが、神仏習合により仏が実体であると述べてもそれは宗教上の議論であり、行政が把握しているのは二荒山神社であった。永久年間に宇都宮宗綱の日光

図二　中世日光山構成図

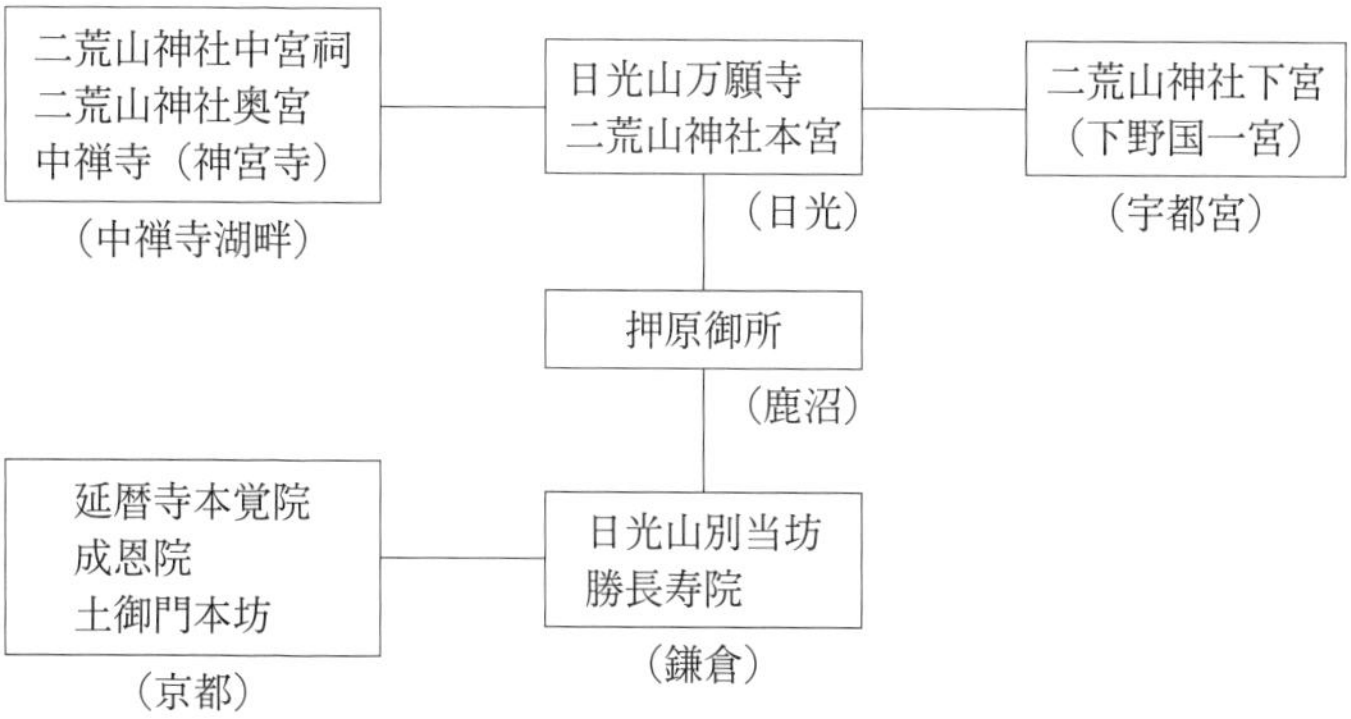

山俗別当補任が神祇官符で行われた事例をみても、平安時代後期から鎌倉時代中期の日光山内紛まで、日光山を管理する役所として神祇官が重要な意味をもっていた。行政上の権限を持つ神祇官を無視して日光山に関わろうとしたのが、鎌倉幕府である。

仁平三年（一一五三）三月二十八日に、源義朝が下野守に補任された。義朝は、保元元年（一一五六）十二月二十九日の除目で、「造日光山功」により、下野守を重任した（『兵範記』）。聖宣の時代に、朝廷の判断で日光山修造が行われたことを示している。造国司は社寺造営などの事業を請負うことを条件に補任されるので、この仕事は成果を出さなければならない優先課題である。できなければ、任期中でも解任される。源義朝は日光山修造をやり遂げて、その恩賞として下野守重任が認められた。

下野国一宮二荒山神社（宇都宮明神）造営は、仁平元年（一一五一）に行われた。一宮修造は下野国衙が分担する仕事なので、源義朝の前任者が勤めたことになる。下野国司が一宮二荒山神社に続いて、日光山修造を行ったことは、朝廷が一宮二荒山神社と日光山を別の社寺として認識していたことを示している。一宮造営は国司が分担する仕事として一国平均役を課すことができるので、国衙の命令で国衙領・荘園に臨時課役を賦課できる。日光山修造は、国衙の事務分担ではなく成功《じょうごう》として行われているので、朝廷の命令が必要になる。この場合、神祇官が造国司補任の申請を要請したと考えるのが一番可能性が高い。神祇官には、天皇が奉幣のために勅使を派遣する二十二社の修造など、社寺修造の申請を行ってきた実績がある。延暦寺が日光山の修造を願い出ても、朝廷が延暦寺の末寺の修造に関与する必要はないと採択しない可能性が高い。社寺造営は国衙に重い負担となるので、それでもやり遂げることのできる河内源氏の武威に期待した源義朝の補任であろう。源義朝が武威による押さえ付けの効かない文官では、臨時課税の未納が続出する可能性がある。源義朝が恩賞の対象として認められた「造日光山功」は、日光の二荒山神社や神宮寺・中宮祠のある中禅寺周辺を含めた中世日光山の社寺造営として行ったことになる。

本来なら、下宮（宇都宮）・上宮（日光）・中宮祠（中禅寺湖）・奥院（男体山頂）が一体となって、日光山の神域が形成されるのが望ましい。しかし、下宮の二荒山神社（宇都宮大明神）が下野国一宮となり、下野国衙と密接に結びつくことで、国衙の事業として一宮修造が行われる。俗別当宇都宮氏が、下野国一宮となって日光山との力関係が変わった二荒山神社下宮の社務を執るために館や坊を構えたことが、武家としての宇都宮氏を成立させるきっかけとなったとことは推測してよいだろう。ただし、宇都宮氏は二荒山神社下宮の全権を掌握したわけではなく、日光山は社僧の分担する仏事法要の権限を維持していた。宇都宮氏は、神主と神事に関する権限を掌握した形である。

宇都宮氏の祖宗円は、堂衆（僧兵）として延暦寺の嗷訴《ごうそ》や焼き討ちに加わった可能性はあるが、武人ではない。俗人として、日光山俗別当の役領を知行し、日光山の領域内や空閑地を開発して私領を形成していくのは宗綱である。日光山別当宗円の入滅は、宗円と共に日光山に入った家族が、山内に居続ける理由を失うことを意味した。宗円の子宗綱が、神祇官に日光山俗別当補任を申請して、神祇官符を給わる必要がそこにある（『日光山別当次第』）。

宗綱が宇都宮を通称とするのは、二荒山神社下宮にいることが多かったためと推測している。また、宗綱は八田（茨城県筑西市）も通称としている。宇都宮から南東部に張り出し、常陸国に越境した地域である。八田知家は、下野国芳賀郡茂木保《もてぎのほ》（栃木県茂木町）に所領を持っている（「茂木文書」）。宇都宮の二荒山神社を管理するために構えた館を中心に、二荒山神社の神領《しんりょう》とは別の所領拡大を始めたのであろう。下野国一宮二荒山神社（宇都宮明神）の俗別当として国衙と交渉する宇都宮宗綱は、一宮と日光山の権威を背負うことができるので、地方豪族として勢力を拡大していく上で有利な立場を持っていた。宇都宮氏の有力な郎党芳賀氏は、宇都宮二荒山神社の俗別当という家伝を持っている（「堀田芳賀系図」）。

日光山と宇都宮氏が別の道を歩み始める時

日光山を天台教学の学問寺として発展させた聖宣が治承元年（一一七七）に亡くなると、日光山は別当職をめぐる内訌の時代が始まった。

最期の時に備えた聖宣は、学僧として評価する弟子の隆宣《りゅうせん》を後任に選び、別当補任の神祇官符を給わるために上洛させた。日光山の別当は、開山勝道の後は、衆徒から選んできた。京都から派遣された大法師宗円以後に、宇都宮宗綱を俗別当に補任した神祇官符を給わった事例はあるが、宗円没後は衆徒からの選任に戻っていた。延暦寺と交流する聖宣は、自分が推す隆宣を別当に据えるための権威付けとして、神祇官符を給わろうとした。しかし、衆徒が推したのは地元の豪族那須一族出身の禅雲であった（『日光山別当次第』）。

日光山は延暦寺末寺の天台顕教寺院になっていたが、神祇官は日光山を二荒山神社と考えるので、神祇官の管轄と見なしている。僧侶の役職補任を神祇官が行うのも捻れた話であるが、神祇官所管の神社の社僧と考えれば、権限の範囲内と解釈することもできるのであろう。紫雲立寺から発展した万願寺と日光山内の寺院群は、私寺である。鎮護国家の祈祷にかかわらないので、僧綱制や鎮護国家の仏教を管理する玄蕃寮が管理する範囲には入らない。日光山別当以下の僧侶の身分は、神社に所属する社僧であった。

神祇官は、聖宣の後任を隆宣と認め、神祇官符を発給した（『日光山別当次第』）。ところが、隆宣が京都で別当補任の手続きを進めている間に聖宣が亡くなり、兄弟弟子の禅雲が日光山衆徒に推されて別当に就任した。治山七年というので、治承元年（一一七七）から元暦元年（一一八四）までである。

神祇官符を得て日光山に戻った隆宣は、与党として従う日光山衆徒（僧兵）と実家の秀郷流藤原氏大方氏の軍勢で、一度は禅雲を日光山から追い出した。しかし、禅雲も実家の那須氏や宇都宮氏・塩谷氏に協力を求めて日光山を攻め、隆宣を追い出した。隆宣が日光山を治めたのは半年という。この内訌により、日光山の多くの堂舎が焼失したと『日光山別当次第』は書き残している。この事件は、日光山別当職をめぐる争いに、地元の武家が介入した最初の事件となった。

一方、宇都宮氏は神祇官符を持つ別当隆宣を支持せず、禅雲を推す那須氏に協力した。隆宣と宇都宮氏の関係悪化は、修復不可能な状態になったと考えてよいだろう。『日光山別当次第』はこの事件が起きた年代を明記していないが、禅雲の失脚は源頼朝が介入した元暦元年（一一八四）と確定できるので（『吾妻鏡』）、治承元年と推測してよいだろう。

日光山を逃れた隆宣は延暦寺に入り、学侶（学問と祈祷）に仕える堂衆《どうしゅう》（雑用と僧兵）となった。山内の学侶と堂衆が衝突した事件では、学侶側堂衆の大将として功名をたてたと『日光山別当次第』は伝える。『日光山別当次第』は、「治承の頃、これを離山ありけるにやらん」と記す。隆宣が延暦寺に居たのは日光山を追われた治承元年から数年の間なので、天台座主覚快ないし明雲の時代である。『日光山別当次第』が隆宣が活躍したと記す延暦寺の内訌は、『天台座主記《てんだいざすき》』（続群書類従）が伝える天台座主覚快法親王《かくかいほっしんのう》の治承二年（一一七八）八月の騒動の可能性が高い。隆宣が堂衆として仕えた学侶の名は明らかでないが、隆宣の主は天台顕教の学識を評価し、堂衆を巧みに率いて合戦や嗷訴をする有能な部下と判断していたのであろう。この上洛の時で、隆宣は法橋に叙されている。僧綱の僧位まで昇った最初の日光山別当である。

宇都宮氏が、禅雲と隆宣の別当職争いで、京都とのつながりが強い別当隆宣ではなく、下野国北部の豪那須氏とつながりの深い禅雲を推して内訌に介入したことは、下野国における地方政治の立場を有利にすることを優先させた結果と考えている。京に馴じむ隆宣より、衆徒あがりの別当がよいという判断である。宇都宮氏が日光山俗別当の地位を維持したいのであれば、正規の手続きを踏んだ隆宣を支持すべきであった。しかし、宇都宮氏が一宮（宇都宮）二荒山神社に強い影響力を持つ下野国の豪族であることを優先させるのであれば、那須氏の推す禅雲を支持した方が有利である。この事件は、宇都宮氏が日光山の中枢部と運命共同体でなくなっていることを示している。

源頼朝の介入失敗

鎌倉幕府が安定してきた元暦元年（一一八四）、禅雲と隆宣との間で続く日光山別当職継承問題は、隆宣を実力で排除した禅雲が日光山を支配することで落着したかに見えた。そこに、源頼朝が介入してきた。禅雲の別当職を解任し、仁和寺の法流を継ぐ寛伝《かんでん》（観纏）僧都を別当に据えようとしたのである（『日光山別当次第』）。

寛伝は源頼朝母の甥で、鳥羽院殿上人藤原季範《ふじわらのすえのり》の孫にあたる。東寺長者まで勤めた禎喜《ていき》法印の弟子で、法橋まで昇進した。叔父の長暹《ちょうせん》は、仁和寺御室守覚法親王《にんなじおむろしゅがくほっしんのう》の側近で、八条院関係文書群に書状が残っている。長暹の待遇は、鳥羽院殿上人藤原季範の子孫が殿上人待遇の受けていたことを示している。しかし、藤原季範の子範忠が後白河院政・平氏一門主導の朝廷で失脚し、旧鳥羽院政派が結束する八条院のもとにも残れなかった。寄るべき主を失ったことで、宮廷社会での地位を急速に下げている。寛伝は京都での将来に見切りをつけ、生き残りをかけて家領の熱田《あつた》社《しゃ》がある尾張・三河に下っていた。源頼朝も母の実家の窮状を知っているので、季範の子孫を支援していた。藤原憲朝《ふじわらののりとも》を源頼朝が知行する関東御分国の駿河守に推挙し（『玉葉』）、寛伝を日光山別当に補任した。母の家を救いたい一心であろう（『日光山別当次第』）。頼朝にも事情はあるが、それは、日光山が寛伝を別当に就任させるにあたって、考慮に入れる要件とはならなかった。

寛伝の日光山別当補任は、日光山を揺るがす騒動となった。『日光山別当次第』は、寛伝が日光山別当として登山した時、日光山衆徒は列参して挨拶に赴いたと記している。受け入れるかどうか、見定めようとした可能性が高い。しかし、寛伝は別当の座の御簾を半分しか上げず、顔が見えない対面をしようとした。法橋の僧位を持つ寛伝は、日光山衆徒との間に身分の違いがあることを示そうとした。寛伝が、官位を地位の指標とする京都の社会の感覚で身分差を示したのは、威厳を示そうとしたためであろう。しかし、地方で暮らしていて僧官僧位を持たない衆徒には、この感覚はない。日光山別当は衆徒の中から選んできたので、役職による地位の上下はあっても、身分に大きな差はない。下野国の地域社会の中で、有力な社寺として誇る日光山の衆徒である。地元の有力豪族を実家に持つ衆徒もいる。衆徒は寛伝の態度に激怒して帰り、別当追い落としの運動が始まった。源頼朝の推挙で別当に就任したものの、寛伝は山内に味方を見つけられなかった。寛伝は、わずか一二ヶ月の在任で日光山を退去することになった。源頼朝は、失意の寛伝に、瀧谷寺《たきだんじ》のある三河国額田郡に所領を与えることで慰めるしかなかった（『日光山別当次第』）。

下野国の大きな宗教勢力とはいえ、日光山衆徒が源頼朝の派遣した別当を追放するのは、単独では無謀である。実力行使しても、源頼朝から咎められないのは、日光山の背後に奥州藤原氏がいることを考えてよいだろう。日光山を学問寺に発展させたのは、延暦寺と平泉の寺院群である。延暦寺は鎌倉の武家を見下しているし、奥州藤原氏は後白河院と結んでいて、独立した勢力として生き残ろうとして知略を尽くした駆け引きを鎌倉としている。藤原秀衡からみると、常陸国から陸奥国に入る入口は、源頼朝に追い出されたとは言え、佐竹氏が陸奥・常陸の国境で失地回復の機会を狙っている。下野国から陸奥国に入る道には、源頼朝が日光山別当から追放した禅雲の一族那須氏の勢力圏を通って奥大道を進んでいくか、その脇道となる日光山から会津を経由して陸奥国に入る日光口を通る必要がある。源頼朝はこの三本の道全てで揉めているので、奥州藤原氏からみると北関東の山岳地帯は緩衝地帯が形成された状態にある。源頼朝は、奥州藤原氏から学問的に支援を受けている日光山に対し、寛伝の失敗に懲りて、武力による実力行使をひかえた。この事件の後、日光山別当は再び衆徒の中から選ばれるようになった。

寛伝の退去を見た宇都宮朝綱は、祖父宗円が日光山別当に就任し、父宗綱が日光山俗別当に就任した先例を持ち出し、日光山俗別当補任を源頼朝に申請した（『日光山別当次第』）。元暦元年（一一八四）五月二十四日、源頼朝は宇都宮朝綱に「宇都宮社務職」を安堵したと『吾妻鏡』は記す。宇都宮宗綱が持っていた日光と宇都宮の二荒山神社を管理する日光山俗別当職の権限のうち、下野国一宮二荒山神社（宇都宮明神）のみが宇都宮朝綱に安堵された。源頼朝は、寛伝の一件があるので、日光山に対して補任権を主張することはできなかった。源頼朝は、正規の補任状である神祇官符を持つ隆宣の日光山別当を承認するまで、日光山に手出しできなかったのである。麓の宇都宮二荒山神社社務職しか補任できなかった源頼朝は、その埋め合わせとして宇都宮朝綱に対し伊賀国壬生野郷地頭職を与えた（『吾妻鏡』）。那須氏は頼朝の実力を知っているので面従腹背であり、日光山は奥州藤原氏との親密な関係を維持している。佐竹氏は治承四年（一一八〇）の佐竹合戦で攻め取られた旧領回復問題が解決していないので、奥州藤原氏の側に居る。頼朝の勢力圏として安定しているのは、宇都宮氏が北端なのである。

第二章　信仰と勢力の分離――鎌倉時代前期

鎌倉時代前期、日光山は激しく揺れている。日光山別当聖宣の後継問題は、地元の有力豪族が寄り合う地方有力寺院として存続するか、延暦寺末寺の学問寺として発展していくかの分岐点となった。この問題は、武家の都鎌倉の仏教が密教を目指している動きを知る隆宣と、熊野修験を学んで山岳仏教に戻ろうとする弁覚の考えの違いとなり、密教を推す人々が敗れて、日光修験成立への道を歩むことになる。

第一節　鎌倉幕府草創期の宇都宮氏

鎌倉幕府御家人宇都宮氏の成立

『吾妻鏡』には、宗円大法師の嫡系である藤原姓宇都宮氏と、蔵人所《くろうどどころ》の衆《しゅう》を役職とする中原姓宇都宮氏の二流が、御家人として記載されている。『尊卑分脈』をみると、藤原姓宇都宮氏と中原姓宇都宮氏は養子の関係があり、実家と養家の入り組んだ関係が確認できる。『吾妻鏡』をみる限り、鎌倉幕府は宇都宮を名乗る両家を親戚とし、それぞれを御家人として登録している。他にも、園城寺所蔵『伝法灌頂血脈譜《でんぼうかんじょうけちみゃくふ》』には宇都宮肥後守　平　朝行《たいらのともゆき》と平姓宇都宮氏が見える。この家は、他に史料が見えず、実態がつかめない。

宇都宮は下野国一宮の門前町であると同時に、日光山の麓に発展した宗教都市として人と物資が集まる条件を持つ。そこに、奥大道《おくだいどう》の宿場町という要素と、下野国一宮を管理する有力御家人宇都宮氏の拠点という要素が加わる。地方都市として繁栄が継続する条件を持つ土地なので、宇都宮を苗字とする家が複数あっても不思議はない。

藤原姓宇都宮氏は、関白藤原道兼の末裔宗円大法師が日光山別当に補任されて下野国に下向したことに始まる。宗円の子宇都宮宗綱は、初めは従兄弟の兼仲《かねなか》が後継者として養子に迎えた。宗円は僧侶なので、院家や坊を構えていれば真弟子《しんでし》（実子）を後継者に指名できるが、独立した経堂体を構える程の地位財力もなかった。実子を、兄弟の養子として出している。その後、兼仲に宗房《むねふさ》が誕生したので、宗房を宗綱の養子として家督を継がせることになった。宗綱は、宗房に家督を譲った後に、宗円の縁で下野国に下向したと推測している。

『尊卑分脈』は、中原宗家の養子になった宗綱の系図を宇都宮氏のところで併収する。宗綱の弟宗房中原姓に改姓し、元永元年（一一一八）に藤原璋子《ふじわらのたまこ》（後の待賢門院《たいけんもんいん》）の中宮大属《ちゅうぐうだいさかん》となり、天治元年（一一二四）に中宮藤原璋子が待賢門院の院号宣下を受けると待賢門院主典代《さかんだい》に改補された（『院号定部類記』）。中原宗家は鳥羽院主典代や摂関家政所家司を勤めた朝廷の下級官人で、仁安二年（一一六七）十二月三十日に伊豆守に補任された（『兵範記《ひょうはんき》』）。院庁や摂関家の家政を運営する下級官人で、京都の商人や職人と接点を持ち、物資を調達する現場の仕事をした人である。晩年、長年の功労に報いるため、国司に推挙されたと見てよい。中原姓宇都宮氏は、中原宗家が京都を離れられないので、国務を執るために伊豆国に派遣した宗房が宇都宮氏に招かれて移住したと想定することも可能であるが、初めから宇都宮氏に招かれて下野国に下向したとも推測できる。

『吾妻鏡』に登場するのは、宇都宮宗綱の子朝綱《ともつな》と中原氏に養子に入った宗房の子信房《のぶふさ》である。信房が通称とする所衆は、蔵人所の雑用を勤める下級官人である。蔵人所の職員は天皇代替わりで大幅な入れ替えがあるので、どの天皇に仕えた所衆かはわからない。

大法師宗円は、日光山別当として赴任するにあたり、子供達や同宿の僧を中心に、日光山別当を勤めるために必要な人材や仏典を揃えて下向したと推測している。殿上人の家の跡取りとして育てられた宗綱、太政官の事務官が勤まるように教育された宗房は、宗円の片腕として動ける有能な家族であった。宗円と共に下野国に活動した二人の子が、京に馴染む者（京都の文化や風習を理解して動ける人）として下野の地域社会に溶け込んでいくうちに、武装して軍勢を率いることのできる武家に成長したことは考えてよいだろう。宇都宮氏は、延暦寺の仏教と公家社会の文化を身につけた者として下野国の地域社会で振る舞わなければならない立場であった。しかし、俗人のままでいた子供達は、武家の道を歩み始めるのである。

宇都宮朝綱の宇都宮社務職補任

宇都宮朝綱は、源頼朝挙兵（一一八〇年）の時に、畠山重能・小山田有重などと共に平氏の内裏《だいり》大番役《おおばんやく》で在京していた（『平家物語』）。平清盛は、朝綱を源頼朝や北条時政の与党ではないかと疑ったが、重臣の平貞能《たいらのさだよし》が弁明して事なきを得たと伝える（『平家物語』・『吾妻鏡』）。その後の動向が『平家物語』にないので、内裏大番役の任期を終えた後、下野国に帰国したと考えてよいだろう。

鎌倉での活動は、『吾妻鏡』寿永元年（一一八二）八月十三日条が初見で、源頼朝の新誕若君（頼家）に御護刀を献上したと記録している。源頼朝が坂東を実効支配しているので、その状況を受け入れて頼朝を武家の棟梁に選んだのであろう。

宇都宮氏は、日光山俗別当職を勤める家であるため、神官的な武士と誤解されているが、宇都宮朝綱の祖父宗円は日光山別当である。『吾妻鏡』は「社家」ではなく「社務」と記すので、日光山別当として延暦寺から赴任した大法師宗円の一族が下野国の地域社会に溶け込んでいく過程で、武家になったと推測してよいだろう。

朝綱は、日光山俗別当宇都宮宗綱の子である。宇都宮氏の郎党の中核となる紀清両党は、文治五年（一一八九）の奥州合戦で宇都宮朝綱の郎従として「紀権守（益子正重）・芳賀次郎大夫以下七人」（『吾妻鏡』文治五年八月十日条）と見える。宇都宮二荒山神社とつながりのある地元の豪族を傘下に加えたことで、宇都宮社務職の立場を確かなものとしていった。

朝綱の弟八田知家は、宇都宮の南東部にあった神領で勢力を伸ばし、常陸国八田《はった》（茨城県筑西市）に越境して苗字の地とするようになった。常陸国は、河内源氏の志太義広《しだよしひろ》や在庁の常陸大掾氏《ひたちだいじょうし》が木曽義仲与党、北部の新羅源氏《しんらげんじ》佐竹氏は奥州藤原氏の支援を仰いで対立しているので、そのどちらの影響もうけない八田知家が守護を勤めることになった。

下野国衙を握る小山氏は中世利根川沿いの下総国結城郡や下河辺庄《しもこうべのしょう》に一族が広がっていたが、宇都宮を本拠地とする宇都宮氏は下野国塩谷庄《しおやのしょう》や常陸国南部に勢力を伸ばしていった。宇都宮氏は、下野国中央部を握る有力御家人に発展していた。

元暦元年（一一八四）、源頼朝は日光山の山務を執る別当禅雲を解任して蟄居《ちっきょ》させ、寛伝を後任として据えようとしたが失敗し、別当が不在になった。この時、宇都宮朝綱は祖父宗円が日光山別当、父宗綱が日光山俗別当を勤めたことから、日光山の山務を執る俗別当補任を申請した。日光山の山務を執る僧侶の首席が別当、世俗の世界に属して日光山を管理する仕事をするのが俗別当である。宇都宮朝綱が、山務を執るために日光山俗別当補任を源頼朝に申請したのは異例である。この一件、日光山衆徒が先例にないと反発したので、朝綱が日光山俗別当補任は衆徒の反対で見送られた（『日光山別当次第』）。日光山がここで強気に出られるのは、奥州藤原氏と友好的な関係を築いて、日光山を学問寺として発展させてきた経緯があるためと推測してよいだろう。日光は、北側に山を越えれば、奥州藤原氏の藤原秀衡が越後平氏城助職《じょうすけもと》を破って勢力圏に組み込んだ所領会津である（『玉葉』）。

『吾妻鏡』元暦元年五月二十四日条は、「伊賀国壬生野郷地頭職《みぶのごうじとうしき》を拝領、これは今までは平家に仕えていたのだけれども、その志は関東にあり、潜に京都を脱れ出てきて鎌倉に参上したので、宇都宮社務職は相違なく知行の上、重ねて新恩を下されたとのことである」と記している。

『吾妻鏡』の条文の背景には日光山の内訌があるので、条文は次のような理解になる。源頼朝は宇都宮朝綱の申請を受けて、日光山俗別当に補任しようとした。しかし、日光山は俗別当が山務を取ったことはないと、衆徒が源頼朝の補任を認めなかった。日光山は、衆徒の中から覚智大徳を選んで別当とした（『日光山別当次第』）。別当補任の神祇官符を持つ真智坊法橋隆宣は考慮の対象に入らず、衆徒による選任で決定した。

源頼朝が宇都宮朝綱に授けたのは、宇都宮の二荒山神社（宇都宮明神）の経営に関わる「宇都宮《うつのみや》社務職《しゃむしき》」であった。日光山俗別当であれば、宇都宮と日光の権限を持つことができるが、源頼朝が授けたのは下野国一宮二荒山神社の社務のみであった。伊賀国壬生野郷地頭職補任は、日光山俗別当職に補任できなかったことに対する埋め合わせと考えてよいものである。宇都宮氏は、鎌倉幕府から下野国一宮宇都宮社の管理権を認められた。宇都宮社の祀官であった地元の豪族は、宇都宮氏の支配が安定したことを確認できたので、今までの関係を継続させることになった。ただし、日光山別当の支配下にある社僧に対し、宇都宮氏の影響力がどこまで及ぶかは明らかになっていない。

宇都宮信房の立場

木曽義仲に合流しようとして京都に軍勢を向けた志太義広と所領の通過を認めない小山朝政《おやまともまさ》との間で起きた寿永二年（一一八三）の野木宮合戦《のぎのみやかっせん》で、宇都宮信房と八田知家が小山朝政側に参陣したと『吾妻鏡』は記録している。ただ、養和元年（一一八一）に編年したのは編纂上の誤りで、恩賞を授与した鎌倉幕府発給文書から寿永二年と確認されている。

藤原姓宇都宮氏は所領に在国しているが、緊張関係にある奥州藤原氏に対する抑えとして、木曽義仲・平氏追討の西国遠征には出陣しなかった。宇都宮氏と奥州藤原氏との間には、強いから源頼朝に従っているだけの那須氏や奥州藤原氏から文化的な支援を受けている日光山があり、宇都宮氏の北側には源頼朝を支持する立場に揺るぎのない勢力がいないのである。この状態では、宇都宮氏の軍勢を西に派遣するために引き抜けない。

文治三年（一一八七）九月二十二日、宇都宮信房は天野遠景と共に、源頼朝の使者として鬼《き》界《かい》ヶ《が》島《しま》（鹿児島県三島村、硫黄島）に派遣された（『吾妻鏡』）。日宋貿易の南島航路にある島で、輸出品となる硫黄の産地であり、重罪と判断した流人を配流する島であった。朝廷は、日本の勢力圏と認定し、輸出品として重要な硫黄が確保できればよいので、九州以南の島々は朝貢でもよかった。このあたりは、勢力圏として確保している領域を全て国内とするよりも、宗主国として属国や周辺の異民族から朝貢を受けた方が大国として認めてもらいやすいという古代中世の国家に対する意識を知らないと判断を誤る。近代の国家に対する意識を無意識に当てはめることは避けたい。

源頼朝は、宇都宮信房と天野遠景に対して武力による治安回復を命じた。ここまで軍勢を進めて、地頭職設置を狙っているのである。農業生産は期待できなくても、火薬の原料として中国に輸出できる硫黄を特産品として収税できることの意味は大きかった。

しかし、武力による制圧は容易ではなかった。天野遠景《あまのとおかげ》は派遣軍の大将、宇都宮信房は軍勢の運営と戦後処理を担当する軍奉行《いくさぶぎょう》の役割分担である。宇都宮信房は九州に留まって、派遣軍に必要な物資を送る後方の仕事でもいいのに、自ら戦場に赴くと述べたことは殊勝であると天野遠景は報告した後、鬼界ヶ島の住民の抵抗は手強いので、信房の軍勢では役不足と不満を伝え、親類の軍勢の派遣を求める申請を文治四年二月に鎌倉に送った。宇都宮朝綱の軍勢を鬼界ヶ島に派遣して欲しいと要求しているのである（『吾妻鏡』）。しかし、最後の目標を奥州藤原氏に見定めている源頼朝は、藤原秀衡に対する抑えとなっている藤原姓宇都宮氏を真逆の南西方面には派遣しないと判断している。

　摂政九条兼実は、鬼界ヶ島を占領する必要はないと考えている。朝廷は朝貢が届くなら今まで通りでよいのであるが、頼朝は鎌倉の権益確保を目指している。天野遠景に不甲斐ないと言われた宇都宮信房は、同年三月に現状がわかるように絵図面を添えて成果を鎌倉に報告した（『吾妻鏡』）。絵図面の作成は、領土として統治のために必要な地図を作ったことを意味する。宇都宮信房は、文官の仕事を理解している。同年五月、鬼界ヶ島の合戦に勝利し、宇都宮信房は没収された近江国善積庄《よしづみしょう》（滋賀県高島市）の回復を源頼朝に求めた。この所領は、文治二年に給わった新恩であるが、検非違使別当《けびいしべっとう》四条隆房《しじょうたかふさ》の訴訟で没収されたと記している（『吾妻鏡』）。天野遠景は、藤原姓宇都宮氏と中原姓宇都宮氏を親類と見なしている。養子関係によって姓《かばね》が違うが、親族として交流していると判断しているのである。

中原姓宇都宮氏が藤原姓宇都宮氏の軍勢に含まれていないのは、鎌倉幕府が別の家として御家人登録したためである。中原姓宇都宮氏は鎌倉幕府から地頭職を給わっているので、所領から軍勢を集めることはできる。しかし、武者ではないので、軍勢に精兵とよべる練度の高さはなかったと推測している。御家人となったことで軍勢を率いる立場にたった文官は、自分の代理として軍勢を指揮する有能な部下が必要である。藤原姓宇都宮氏には宇都宮社祀官芳賀氏がいるが、宇都宮信房にはこのような人物は見えない。

第二節　鎌倉幕府草創期の日光山

奥州藤原氏の滅亡

治承年間に延暦寺を離れた隆宣は、東国に戻ったと推測しているが、しばらく足取りの追えない時期がある。師聖宣と同じ学僧の道を歩むのであれば、奥州藤原氏を頼って中尊寺で修学をしたことも考えられる。奥州藤原氏は、藤原秀衡の代に明州吉祥院版宋版一切経（中尊寺経）を輸入している。奥州藤原氏が建立した寺院は数多くの仏典を所蔵しているので、京都を離れた後の修学を考えるなら平泉である。

寛伝が日光山別当を辞任した後、覚智《かくち》・理光《りこう》・静覚《じょうかく》・文珍《もんちん》と四代にわたって日光山衆徒から別当が選ばれた（『日光山別当次第』）。

源頼朝は、文治二年（一一八六）九月三十日に、下野国寒河郡の国衙領から十五町を割き、日光山本宮に三昧田を寄進した（『吾妻鏡』）。この本宮は、弁覚が熊野修験を日光山に伝える前なので、二荒山神社本宮（男体山・千手観音）と考えてよいだろう。源頼朝は、元暦元年（一一八四）に寛伝の別当補任と宇都宮朝綱の俗別当補任で、日光山衆徒と対立しているので、衆徒から選ばれた別当が運営する日光山と関係を修復しておく必要があると考えたのであろう。奥州藤原氏と親しくしている日光山の懐柔を考えたのである。

源義経が文治元年（一一八五）に頼朝追討の挙兵をして逃走中である。鎌倉幕府は畿内で追捕を続けているが、義経を支持して匿う人々も少なくないので、捕らえられないでいた（『玉葉』・『吾妻鏡』）。源義経が藤原秀衡を最後の逃走先に選ぶことは、鎌倉側も予想の範囲である。壇浦合戦（一一八五年）で平氏を滅ぼしたことで、源頼朝に対抗できる最後の勢力が藤原秀衡となっている。源頼朝は源義経を平泉に追い込んで共に滅ぼしたいのか、平泉には逃げ込ませないと考えて追捕に積極的だったのかはわからない。頼朝の利害を考えれば、謀反人源義経が逃げ回っている限り、内乱が続いている非常事態である。鎌倉幕府は、朝廷から認められている兵粮米を徴収する権利を保持し続けられる。義経を捕らえて平和な時代になれば返上なので、今持っている非常時の権限を保持できる現状の方が有利なのである。

文治二年四月二十四日、源頼朝は陸奥から朝廷に送る貢金・貢馬は今後鎌倉が沙汰するので朝廷に直接納めないようにと、藤原秀衡に示した提案の回答を受けとった（『吾妻鏡』）。頼朝の要求を認めれば、奥州藤原氏は奥六郡《おくろくぐん》のみの主となるので、秀衡が受け入れられる話ではない。そもそも、源頼朝は東海道惣官《とうかいどうそうかん》の立場で主張しているので、東山道《とうさんどう》に属する陸奥国を支配する藤原秀衡に対して要求することが無理筋である。頼朝の無理筋の主張を藤原秀衡が受け入れたのは、合戦に発展させる口実を与えないためと推測している。

陸奥国の出入口を抑える要衝日光山が奥州藤原氏支持の立場をとり続けると、鎌倉幕府の御家人として立場を明らかにしている小山氏・宇都宮氏の勢力圏を通らずに、信濃国から沼田・日光といった北関東の山地をすりぬけて陸奥国に入る道が開いていることになる。源頼朝が日光山常行堂に寄進をしたのは、この緊迫した情勢の中で、頼朝が奥州藤原氏より優勢であることを示した後のことである（『吾妻鏡』）。日光山を崇敬したという理解は表層的であり、日光山が味方になったことに対する御礼としての所領寄進である。日光山が奥州藤原氏側から鎌倉幕府側に移ったのはこの時期とみてよいだろう。

源頼朝が文治五年（一一八九）に奥州合戦を行った時、戦勝祈願の法会を勤めた日光山別当は三融房静覚と伝える（『日光山別当次第』）。静覚の後任として日光山別当に補任された文珍は、就任後まもなく解任された。『日光山別当次第』はその理由を記していないが、日光山内に奥州藤原氏を慕う人が残っていたことは考えておく必要がある。源頼朝に追放された禅雲の実家那須氏ゆかりの僧が、源頼朝戦勝祈願を行ったことを不快に思っていてもおかしくはない。『吾妻鏡』に那須氏があまり出てこないのは、源頼朝が日光山別当禅雲を追放して、寛伝を補任した一件が尾を引いていると考えてもよいだろう。

院政期の日光山は、中尊寺一切経の書写など奥州藤原氏から文化的な影響を受けている。また、本山である比叡山延暦寺とのつながりが強まり、山岳仏教から天台顕教の学問寺へと発展していった。奥州藤原氏の滅亡（一一八九年）は、日光山を支持する有力な勢力が消滅したことを意味した。

鎌倉に居ながら日光山別当に還任した隆宣

隆宣とその弟弁覚《べんかく》が別当を勤めた時代は、那須氏の推す禅雲との内訌による荒廃から日光山の復興が始まっていく時期である。隆宣・弁覚兄弟は、秀郷流藤原氏の大方氏《おおかたし》（関氏）の出身である。この時代は、宇都宮氏との関係が改善していること、秀郷流藤原氏が日光山の後援者として前面に出てきたことが特徴である。

隆宣の鎌倉での活動は、建久二年（一一九一）十二月に鶴岡《つるがおか》二十《にじゅう》五坊《ごぼう》の真智坊《しんちぼう》供僧《くそう》に補任されたことにはじまる（『鶴岡八幡宮寺諸職次第』）。神祇官符を給わっている隆宣は、源頼朝の支持を得

2-1　鶴岡八幡宮

る事で、ようやく日光山別当に復帰することができた。「建久年中」（『日光山別当次第』）とあるので、鶴岡二十五坊の真智坊供僧補任の方が早いと推測している。

隆宣は、日光山別当の地位を安定させるためには、鎌倉幕府の支持が必須の条件となることを理解していた。源頼朝から支持され続けるため、将軍家と鶴岡八幡宮の法会・修法を忠実に勤めていた。

鶴岡二十五坊は、最勝王経衆《さいしょうおうきょうしゅう》・大般若経衆《だいはんにゃきょうしゅう》・法華《ほっけ》経《きょう》衆《しゅう》・供養法衆《くようほうしゅう》に各六人、諸経衆《しょきょうしゅう》一人の二十五人で構成された。六人交代で長日不断《ちょうじつふだん》（毎日、読経や真言を絶やすことなく継続させること）の供養を行っていた。この定例の供養の他に、将軍家や幕府から依頼された年中行事や臨時の法会・修法が加わってくるので、鎌倉を不在にする時は交代要員の確保など欠員が出ないように段取りをつけておく必要があった（『鶴岡八幡宮寺諸職次第』）。日光山別当として長期に鎌倉を不在にすることは難しい役職である。

隆宣は鶴岡八幡宮から供僧に貸与された鶴岡二十五坊の真智坊を持ち、鎌倉二階堂に自坊を持っていた（『日光山別当次第』）。二階堂坊は、隆宣の家政や鎌倉に居ながら日光山の山務を執るための寺務所《じむしょ》を兼ねた坊と考えてよい。隆宣の日光山別当在任は、三年で終わった。『日光山別当次第』の記述から範囲を絞り込めば、建久年間の最後の頃から正治年間ということになる。

隆宣の失脚

事件は、『平家物語』の屋島合戦（一一八五年）で弓の名手の名声を得た那須資隆の子が起こした。この稚児は弓の上手であったが、「謬《あやま》りて、師匠（隆宣）に陰《ひそ》かに、慮らず、鹿一射たることあり」（『日光山別当次第』）という禁忌を犯してしまった。鷹狩りなどの狩猟は、武家が軍事訓練として行う。『吾妻鏡』にも、将軍家主催の狩を始め、狩に関する条文はいくつも見られる。稚児が鹿を射たのが日光山の神域であったことが、別当隆宣の弁明しきれない責任問題となり、引責辞任に追い込まれた。辞任後は、隆宣は鎌倉二階堂に籠居したと『日光山別当次第』は記している。

法制が整理されてからの史料になるが、鎌倉幕府法は考え方を示している。

『鎌倉幕府法』追加法一三三条（『中世法制史料集　鎌倉幕府法』）

一　鷹狩りのこと

社領のうち、例ある供祭《くさい》の外、これを停止すべし、事を左右《そう》に寄せ、他領を煩わすべからず

「神社の神領については、先例のある供祭でなければ、（鷹狩りを）禁止する。さまざまな理由をつけて、他者の所領に踏み込んではならない」という趣旨である。神社や寺院の所領には、殺《せっ》

生禁断《しょうきんだん》を定めた神域や放生池《ほうじょうち》として保護される場が設定される。狩をしたり、漁をすることは、血の禁忌につながるので禁じられていた。信濃国一宮諏訪社は、社司と御射山神事《みさやましんじ》で頭役《とうやく》を勤める人は神事のために神域に入って狩をすることを認めるが、通常は殺生禁断である（鎌倉幕府法追加法七三七号）。隆宣の弟子となった那須資隆の子が神域で鹿を狩ったことは、弁明の余地がない服忌令《ぶっきりょう》（神社や宮寺の定めた禁忌の規定）の違反であり、師匠である隆宣の日光山別当解任はやむなしという事件であった。

日光山衆徒が訴訟を起こしたのは、相模川橋供養の頃と記されているので、源頼朝薨去の原因となった事故のあった建久九年（一一九八）十二月二十七日の前後である（『日光山別当次第』・『吾妻鏡』）。建仁二年（一二〇二）正月九日、将軍源頼家が鶴岡八幡宮で経供養を行った。この時、導師を「日光山別当真智坊法橋隆宣［当宮供僧一和尚］」と『吾妻鏡』は記している。この表記が注意を要するのは、建久九年、隆宣は日光山別当に在任しているが、解任を求める衆徒の訴訟が起きている。建仁二年は足掛け五年なので、歴代の数え方としては解任後となるが、日光山衆徒が解任を決めても、後任の相弁《そうべん》に権限を譲っていない可能性が高いことになる。あるいは、治山三年という表記が誤まりの可能性を考えた方がよいのかもしれない（『日光山別当次第』）。これが、隆宣の二度目の日光山別当を記した最後の史料となる。将軍源頼朝も源頼家も鶴岡供僧第一の席次にある隆宣を守っていて、日光山別当解任に追い込まれないように支援をしたことは考えてよい。日光山で起きた事件は、鶴岡真智坊供僧を勤める上では影響が小さく、鎌倉での隆宣の活動に変化はなかった。

密教をめざす隆宣と熊野修験の弁覚

隆宣の後任は実蓮坊相円、日光山の衆徒から選ばれている。治山三年の間に三代将軍源実朝に代替わりしているので、別当選任に時間がかかり、建仁二年（一二〇二）から三年の頃に正式に就任した可能性が高い（『日光山別当次第』）。ただ、相弁は将軍家源実朝護持の験者を勤めて失敗したところに、熊野修験の修行を終えて兄関政綱の館に戻ってきたばかりの弁覚が、験を施して源実朝の瘧病《ぎゃくびょう》を治したことにより、日光山別当を交代したと『日光山別当次第』は伝える。

この時期はまだ、鎌倉常駐の僧で密教の加持祈祷や修法が行えるのは、勝長寿院別当で真言密教《しんごんみっきょう》広沢流忍辱山流《ひろさわりゅうにんにくせんりゅう》を継承する定豪《じょうごう》しかいない。定豪は、本山の忍辱山円城寺（奈良県奈良市）を離れて鎌倉に常駐し、鎌倉の将軍家や北条氏・有力御家人を支持者とすることで、勢力拡大をはかっている。このような畿内でも少数派の流派は鎌倉進出を考えたが、主流派は京都・奈良中心である。日本臨済宗の開祖である栄西《ようさい》も、鎌倉幕府は天台密教葉上流《てんだいみっきょうようじょうりゅう》の流祖として厚遇した。鎌倉幕府が臨済禅を後押ししたのは、鎌倉で天台の法会・修法を行うために、中国で学んできた臨済禅を実践する場を求めている栄西の求めを受け入れたためである。鎌倉幕府が禅宗を好んで、栄西を登用したと勘違いしてはいけない。

鎌倉幕府が日光山を重んじるとすれば、隆宣の活動を観て、奥州藤原氏が持っていた天台仏教の知識と実践ができると認識したためであろう。実際は、延暦寺に登って法会・修法を大法師・法橋の立場で手伝うことで経験を積んだ隆宣だからできたことで、日光山の衆徒から選ばれた別当にできることではなかった。しかし、源実朝はその事情を知らない。

日光山別当相弁が源実朝の加持に失敗した頃、園城寺系の本山《ほんざん》派《は》修験道《しゅげんどう》を那智で学んだ弁覚が兄関政綱の館に戻ってきた。関政綱がこの事を鎌倉に報告したところ、弁覚は験者《げんじゃ》として源実朝御所に招かれ、加持を勤めることになった（『日光山別当次第』）。

誤解のないように附言しておくが、護持僧は将軍護持を仕事とする学侶の役職で、複数人を任命し、交代で将軍御所に常駐した。将軍の貴躰安穏《きたいあんのん》（玉躰安穏の武家版）のために、魔障から守る身固《しんこ》加持《かじ》から、病気平癒など対処のための祈祷《きとう》を行った。験者は加持祈祷に効験《こうげん》があると鎌倉幕府が認めている人々で、単発の用件で将軍御所に招かれ、将軍家を護持した。弁覚は、験者であって、護持僧ではない。鎌倉の犬懸谷《いぬかけがやつ》に別当坊を構えたことは、鎌倉で行われている仏教の水準を知ると共に、将軍御所から呼び出された時に駆けつけなければならない要員に数えられていたことを意味する。摂家将軍の時代のように護持僧・護持陰陽師の制度が整備されていない（『吾妻鏡』）。朝廷が護持僧を運用する基準を当てはめられる護持僧の制度は、鎌倉にはまだない。護持僧は加持のために常駐するが、将軍御所に二間《ふたま》が設けられていたかも定かではない。

弁覚の護法（何を行ったかは不明）によって源実朝の瘧病は治り、恩賞として、所領を給わると共に日光山別当に補任された（『日光山別当次第』）。

弁覚がこのことを隆宣に告げたところ、隆宣の怒りを買うことになった。隆宣は、熊野で修行してきた弁覚が山伏として日光山に入り、本山派修験道を実践していくなら、問題とはしなかったであろう。修験道には、園城寺を本山とする本山派修験道と、醍醐寺を本山とする当山派修験《とうざんはしゅげん》道《どう》がある。熊野修験は、熊野三山検校職《くまのさんざんけんぎょうしき》を独占する園城寺の傘下である。日光山は、宗円・聖宣・隆宣と延暦寺の法流に属する別当が勤めていた。天台宗は、顕教・密教を兼学する延暦寺の法流と、天台密教を主流とする園城寺の法流に分かれ、両者は教学の上でも、天台宗内での勢力争いでも対立していた。朝廷が天台宗に認めた円頓戒壇《えんとんかいだん》を延暦寺が独占しているので、園城寺は法灯を継いでいく後継者の資格を与える伝法灌頂《でんぼうかんじょう》の儀式を天台宗の戒壇院《かいだんいん》で行うことができず、園城寺の院家や東大寺戒壇院で行っていた。園城寺が不満を持つのは当然であるが、天台宗が戒壇院を二つもつことを、東大寺戒壇院を共用する他の宗派が好ましいと考えるわけがない。園城寺が戒壇院勅許を求めて続ける園城寺戒壇問題は、出口の見えない泥沼化した政治問題であった。

ただ、延暦寺と園城寺では寺院の規模が違いすぎ、動員できる堂衆（僧兵）の人数が勝負にならなかった。武力衝突すると、延暦寺が園城寺を焼き討ちする結末で終わる。延暦寺で学侶と堂衆の衝突を体験している隆宣ならこのあたりの事情はわかるが、熊野で修験道の修行をしてきた弁覚には、京都で繰り広げられている権門寺院の対立と衝突を理解できないだろう。弁覚は、我が道を突き進んでいく。

弁覚は天台宗の法会・修法の効験によって将軍源実朝から認められたのではなく、熊野修験の行者として行った護法によって源実朝から認められた。日光山歴代別当の中で、僧綱の僧位法橋に昇ったのは隆宣が初めてである。天台宗山門派（延暦寺系）の寺院として日光山を鎌倉に認めさせた隆宣は、弟弁覚が熊野修験の行者としてあげた功績で日光山別当に補任されたことを素直には喜べなかった。

隆宣は、鎌倉の寺院社会が将軍家護持のために密教化すると認識しているので、小規模な天台密教の修法なら執り行えるまでに修学を重ねていた（『吾妻鏡』）。日光山の今後を、鎌倉に合わせて密教化に向かわせようと考える隆宣と、熊野修験を持ち込むことで山岳仏教に戻ろうとする弁覚では、進もうとしている方向が違っていた。

密教の隆盛を見越す隆宣

建仁二年（一二〇二）年八月十八日、鶴岡八幡宮で、八幡神の使いとされる鳩の怪異が報告された。西廻廊《にしのかいろう》に鳩が飛来し、立ち去らないという報告である。この怪異を鎮めるため、鶴岡八幡宮では真智坊法橋隆宣と題学坊行慈《だいがくぼうぎょうじ》が法華問答講《ほっけもんどうこう》一座を勤めた。講師（講義をする者）と問者《もんじゃ》（質問をする者）に分かれ、法華経についてさまざまな議論を行う顕教の法会である。鶴岡八幡宮に密教の知識を持っている学侶は居るが、密教の修法を行うために必須の事相（作法や運営の知識と技術）を修得している僧侶が少なく、仏像・仏画や法具も揃っていない。隆宣は、延暦寺で活動した実績で法橋まで昇進した。鎌倉では、欠くべからざる存在である。

建仁三年十月十三日、隆宣は鶴岡法華堂《つるがおかほっけどう》で源頼朝の追善供養導師《ついぜんくようどうし》を勤めた。翌十月十四日、鎌倉幕府は鶴岡八幡宮・伊豆山・箱根山・三島社・日光山・宇都宮・鷲宮・野木宮以下に対し、世《せ》情《じょう》無為《ぶい》の御奉賽として神馬《しんめ》を献上した。日光山が、鶴岡八幡宮・三所（伊豆・箱根・三島）に次ぐ格式の寺院として認めていること、下野国一宮宇都宮明神《うつのみやみょうじん》（二荒山神社下宮）より上位に記されたことは重要である。鎌倉で活躍する日光山別当隆宣に対する評価とみてよい。

元久元年（一二〇四）正月四日、将軍御所の心経会《しんぎょうえ》を請僧《しょうそう》六人で勤めた。請僧六人は小規模な法会の定員で、隆宣は心経会を主導する導師を勤めた。鶴岡八幡宮で、社務に事情があって導師を勤められない場合、「手代《てがわり》」と呼ばれる代役を指名して勤めさせた。鶴岡真智坊供僧で供僧の序列第一の隆宣は、社務の手代が勤まる人物と見なされていた。隆宣の活動を通じて、日光山の評価が高くなっていたと考えてよいだろう。

承元二年（一二〇八）十二月二十五日、鶴岡神宮寺《つるがおかじんぐうじ》の薬師如来像開眼供養《やくしにょらいぞうかいげんくよう》が行われた。隆宣が導師を勤めた。この日参列した請僧は、若宮《わかみや》供僧《くそう》二十五人という多さである。鶴岡供僧は、二十五坊供僧に脇堂《わきどう》供僧《くそう》を加えた人数である。神宮寺の開眼供養は、鶴岡八幡宮の供僧のうち、他に所用のある者や留守役を仰せつかった者以外、総出に近い人数で行われた（『吾妻鏡』）。

承元三年五月二十日、右大将家《うだいしょうけ》（源頼朝）法華堂《ほっけどう》で、隆宣が導師となって梶原景時以下の亡卒の供養が行われた。将軍御所で怪異が起きたので、源実朝が御夢想の告げによって怨霊を鎮めて御霊《ごりょう》に転じることを願う供養であった（『吾妻鏡』）。

承元四年十月一日、隆宣は日蝕御祈《にっしょくごき》を勤めた。日蝕は鎌倉で正現しなかったので、隆宣の祈祷は効験があったと判断された（『吾妻鏡』）。日蝕御祈は、密教の天変消除《てんぺんしょうじょ》の修法である。この時代の天文の技術では、地球に日食の起こることは計算できるが、京都や鎌倉といった特定の観測点で見えるかまでは計算できない。陰陽寮《おんようりょう》は、日蝕が起こる事がわかると朝廷に報告した。日本で観測できない日蝕の場合、祈祷の効験によって日蝕が防がれたという理解になるので、天変消除の祈祷は効果があると信じられていた。この頃になると、門脇中納言平教盛《かどわきちゅうなごんたいらののりもり》の子で天台座主慈円の高弟である小川法印忠快《おがわのほういんちゅうかい》が、将軍源実朝の信用を得て鎌倉に招かれると天台密教の修法を行っていた。忠快は、京都で行われた鎮護国家の天台密教を鎌倉に弘めた最初の人物である。

密教を修得した隆宣

延暦寺は、京都で天皇のために行う鎮護国家《ちんごこっか》の修法と、鎌倉で将軍家のために行う武家鎮護《ぶけちんご》の修法を区別するため、鎌倉で行った先例を「関東先例」と呼んでいた（『門葉記』）。忠快の鎌倉滞在は、長期滞在となる場合もある。隆宣は、延暦寺から下向してくる忠快が鎌倉で行う天台密教の修法を手伝うと共に、忠快から日常的に行える修法の伝授を受けた可能性が高い。隆宣は鶴岡八幡宮と日光山のふたつの収入源があるので、伝授の御礼を贈りながら、忠快から天台密教を学んだと推測している。鶴岡八幡宮で社務《しゃむ》に次ぐ供僧第一の序列にある隆宣は、将軍源実朝を護持するために天台密教を修得していた。隆宣は、日光山で天台密教を習得した最初の人物である。

建保元年（一二一三）三月十六日、天変により、源実朝御所で御祈祷が行われた。この時、隆宣は不動供《ふどうく》を勤めた（『吾妻鏡』）。天台密教は、規模と格式によって鎮護国家で行う四箇大法《しかたいほう》・秘法《ひほう》・如法法《にょぼうほう》（如意宝珠仕立）・大法《たいほう》・中法《ちゅうほう》・小法《しょうほう》・供《く》・護摩《ごま》に分類される。隆宣は、密教の修法の中でも規模の小さい「中法」・「供」は行えるようになっていた。日光山の僧が、密教の修法を勤めた最初の事例である。同年六月三日、地震により、隆宣は地震御祈として不動護摩を勤めた。十二月四日、将軍家御持仏堂で隆宣は、薬師法を修した（『吾妻鏡』）。薬師法は、本格的な密教修法を勤めた最初の事例である。

将軍源実朝の御所には、京都から鎌倉に下向して長期滞在する学侶、知識と技術は持っているが鎌倉の将軍御所や社寺に修法を勤める準備が調っていないために行わない学侶が居る。鶴岡二十五坊供僧として鶴岡八幡宮に席を置く隆宣は、それらの僧から個別に修法や作法の伝授を受け、晩年には密教修法の導師を勤められるようになった。鶴岡供僧として、将軍家が催す大きな修法で役を勤め、将軍御所で密教修法を行えるように修学を重ねた結果である。隆宣は、鎌倉の宗教世界が密教を吸収することに大きな力を注いでいることを現場で観ている。隆宣は、日光山が鎌倉に進出している以上は、密教の修法で役が引き受けられるだけの実力をつけなければならないと認識していたのである。

しかし、禅雲を支持した日光山衆徒や、下野国の豪族の子として地域社会しか知らない日光山衆徒は、日光山を下野国の山岳仏教寺院としか認識していなかった。隆宣は鶴岡八幡宮の優秀な学侶として鎌倉に常駐しているので、隆宣と共に鎌倉で活動している僧侶だけが密教の必要性を理解したと考えてよい。隆宣には、日光山を時代に合わせた方向に変化させていく力はなかった。彼一人が、優秀だった結果である。

宇都宮朝綱の失脚

ここで時間を少し戻し、宇都宮氏の動向を観ていくことにしよう。

文治五年（一一八九）十月十九日、奥州藤原氏を滅ぼした源頼朝は、降参した藤原泰衡《ふじわらのやすひら》の一族樋爪俊衡《ひづめとしひら》の一族を下野国一宮宇都宮社の職掌《しきしょう》に補任した（『吾妻鏡』）。滅ぼされた奥州藤原氏の人々の鎮魂と供養のためである。この補任は源頼朝が宇都宮社の社務を勤める宇都宮氏の了解を得て行ったと考えてよいだろう。

ここでは、宇都宮社の人事に日光山が関わっていない。宇都宮の二荒山神社下宮の神主に関する人事権が日光山別当の管理から離れていること、日光山別当弁覚が世俗世界との交渉の場として押原御所《おしはらごしょ》（栃木県鹿沼市）を使ったことからも理解しやすい（『日光山別当次第』『門葉記』）。宇都宮氏が鎌倉の武家として地位を確立したことで、宇都宮二荒山神社（宇都宮明神）が日光山から離脱していく動きは止められないのである。

鎌倉と日光を結ぶ道が奥大道を北上して宇都宮から日光に入るより、江戸時代には日光御成道《にっこうおなりみち》として知られる鎌倉街道中道《かまくらかいどうなかつみち》（奥大道）から分岐して鹿沼から日光山に登る道の方が距離も短く便利である。押原御所は、この道沿いにある。宇都宮に代わる日光山の窓口が、押原御所である。

附言しておくと、奥大道はもともとは奥州藤原氏が整備した街道であったが、鎌倉幕府成立によって鎌倉から陸奥国外ヶ浜（青森県）を結ぶ長距離の街道に延長された。一方で、関東地方の部分は鎌倉街道中道と呼ばれている。鎌倉から陸奥国境までの道は鎌倉幕府が奥州藤原氏の造った道と接続させるために整備したものなので、二通りの呼び方が成立した。日光に向かう道は、江戸時代になると、江戸から日光に向かう日光御成道として再整備された。鎌倉街道中道と日光御成道が重なる区間は、分離と合流が繰り返されている（埼玉県教育委員会編『歴史の道調査報告書日光御成道』）。

建久四年（一一九三）六月二十二日、常陸国衙を主導する在庁多気義幹《たけよしもと》が、富士巻狩で起きた曽我兄弟の仇討ち事件の余波で、常陸国守護八田知家の報告から源頼朝暗殺を企んだ一党に与した嫌疑をかけられた。多気義幹は軍勢を集めて多気山城《たけさんじょう》（茨城県つくば市）に籠もり、叛反を企てたというのである。このあたりは微妙で、有事を想定して集めたのか、謀叛を疑う風聞が流れて自衛のために集めたのかは、定かでない。ただ、多気義幹は軍勢を集めたことに対する抗弁をしきれず、常陸大掾氏の嫡流多気氏の所領は没収された（『吾妻鏡』）。

これにより、常陸国守護八田知家は常陸国内で勢力を伸ばしたが、馬場氏に嫡流が移った常陸大掾氏は国衙と一宮鹿嶋社を拠点に八田氏（小田氏）に対抗し、抜きがたい勢力として残ることになった。八田氏は宇都宮社の神領がある下野国芳賀郡茂木保を中心に勢力を築き、常陸国に越境して八田（茨城県築西市）を苗字の地とするようになったので、常陸国中央部・北部にどれほどの影響力を持つことができたかは明らかでない。小田（茨城県つくば市）に本拠地を移しているので食い込んでいることは確かであるが、常陸大掾氏が抑える常陸国府（茨城県石田市）に進出することはできなかった。

建久五年（一一九四）七月二十日、下野国司藤原行房《ふじわらゆきふさ》が宇都宮朝綱によって国衙領百余町を掠《りゃく》領《りょう》（強引に奪い取ること）されたと起こした訴訟の判決が鎌倉に伝えられた。太政官符が下され、宇都宮朝綱は土佐国、宇都宮頼綱は豊後国、宇都宮朝業は周防国に配流《はいる》となった（『吾妻鏡』）。この罪科の決定により、宇都宮氏は中核となる人々が不在となった。宇都宮氏が、下野国で築いた有力豪族の地位を揺るがすことはなかったが、鎌倉幕府に出仕できなくなったことで、幕府政治に対する影響力を失った。この時期、『吾妻鏡』に見えるのは、配流の対象に入らなかった宇都宮頼綱の子頼業である。

宇都宮氏は宇都宮の二荒山神社神職を束ねる立場なので、出家入道は神社の役職を離れることを意味する。鎌倉幕府単独の役職は在俗・出家入道を問わないが、朝廷の官位制と連動する役職は出家をすると失職する。芳賀氏のように、宇都宮社祀官として宇都宮氏に仕えるようになった家は、自分の家を守るために、現職の社務に従う。頼業が朝綱ないし頼綱の宇都宮社社務職を継承したと考えなければ、宇都宮氏は基盤が揺らぐことになる。社務職を失うことの痛手は、計り知れないものがある。朝廷からは罪科に処されたが、鎌倉幕府は宇都宮氏の所領所職を没収しないで頼業に継承させたので、下野国の一宮を管理する地位を保つことができた。

牧氏事件と宇都宮頼綱の上洛

元久二年（一二〇五）八月七日、宇都宮頼綱は北条時政政権が瓦解した牧氏事件《まきしじけん》（一二〇五年）で、窮地に陥った。宇都宮頼綱の正室が北条時政の正室牧の方を母とする娘であることから、時政与党と見なされて謀叛の嫌疑がかけられた（『吾妻鏡』）。宇都宮頼綱は宇都宮にいて政変に関わっていなかったが、地方に残る残存勢力として警戒されたのである。宇都宮頼綱の妻は、宇都宮泰綱や御子左家《みこひだりけ》に嫁いで藤原為家の妻となった娘の母となる。

窮地に陥った宇都宮頼綱であるが、弁護する御家人が多かった。頼綱に対する嫌疑は、頼綱が誓状を書き、宇都宮一族と宗たる郎党六十人が出家することで追及が打ちきりとなった（『吾妻鏡』）。下野国の小山氏を始めとした御家人たちが、北条政子・北条義時姉弟が宇都宮氏にかけた嫌疑は言いがかりに近いものと反発した結果である。北条義時は頭の切れる冷徹な人で、三浦氏をはじめとして実力を認めて附いてくる人々は少なくないが、義時の考え方は坂東武者とは異なる。義時についていけず、信用しない鎌倉幕府関係者も少なくない。それ故に、源頼朝の後家として権威を確立した北条政子の存在が重要になる。

この事件の後、宇都宮頼綱は出家した一族の人々を連れて上洛し、京都・鎌倉・宇都宮の三点で活動するようになった。鎌倉や宇都宮にいても逼塞《ひっそく》しているしかないので、後鳥羽院が主導権を持つ京都に新たな活動の場を見いだした結果である。比企氏の乱で比企能員与党とされた糟屋氏のように、鎌倉の政変に敗れて京都に移住する人は少なくない。ただし、糟屋氏や梶原景時の恩義を忘れない芝原氏のように、承久の乱（一二二一年）で京方に附くことはなかった。浄土宗への傾倒や和歌の家御子左家と親交を結んで和歌を学ぶことで、政治と距離を置いたことがよかったのであろう。宇都宮と京都を拠点とすることで、文化水準の高い幕府の重臣への道が開けてゆく。

第三節　弁覚の日光山復興

和田合戦と日光山

鎌倉幕府が日光山別当の補任権を持っているのであれば、源実朝の弁覚別当補任は直ちに有効になる。しかし、隆宣は神祇官の発給した補任状を所持していた。鎌倉に居る隆宣・弁覚の兄弟が日光山別当を主張できる立場にある。この兄弟は和解し、「正別当弁覚者、権別当ノ如クシテ、寺務ヲ兄ノ真智坊ニ任セタリ」（『日光山別当次第』）という状況をつくりだした。弁覚も、正規の補任状を持つ者が兄であることを認めていたからに他ならない。源実朝が弁覚を別当に補任したにもかかわらず、隆宣が治山を行えたことは、日光山は神祇官に属する二荒山神社という建前をまだ崩していないことを示している。

『日光山別当次第』と『吾妻鏡』を付き合わせると、『日光山別当次第』に記された経緯で、弁覚の委譲により、隆宣が山務を執ったことになる。一方で、鎌倉幕府は弁覚を補任したので、弁覚を日光山別当として叙述する。鎌倉に日光山別当坊がふたつある状態になった。『吾妻鏡』には隆宣の二階堂坊が出てこず、弁覚の犬懸谷坊だけが記録されている。『日光山別当次第』は、この状態が三年間続いた後、隆宣が日光山山務を弁覚に譲ったと記している。日光山別当の補任権は、鎌倉時代中期の尊家法印の時代に、日光山を延暦寺本覚院に附属する相承の末寺と認めたことでようやく安定する。

建保元年（一二一三）六月の和田合戦では、弁覚は鎌倉犬懸谷の日光山別当坊に居た弟子や同宿の人々を引き連れて将軍御所に駆けつけ、源実朝を守って御所の前面で激しく攻める和田義盛の軍勢と戦った（『吾妻鏡』）。和田合戦の当初、御家人の多くはこの合戦を北条氏と和田氏の私闘と考え、静観していた。御所に集まったのは、将軍源実朝の安否を気遣って駆けつけた人々と、北条義時に与する立場を明確にした人々のみであった。御家人が集まってこないので、将軍御所では源実朝を守るために殿上人の出雲守藤原長定から将軍家の鷹を飼育する鷹飼いまで戦ったと『吾妻鏡』は記録している。御所を守る軍勢が、決定的に不足していたことは間違いない。弁覚の率いる日光山衆徒は、下野国の武士の子弟を含んでいるので、御所に駆けつけた軍勢の中でも弱兵ではないだろう。大江広元が気づいて、鎌倉幕府が和田義盛追討の命令を出すまでは、和田氏の方が合戦を優勢に進めていた。弁覚の日光山別当坊は将軍御所から東側となる犬懸谷なので、弁覚の率いる衆徒は和田義盛の軍勢に遮られることなく、将軍御所に入ることができたと推測している。

弁覚は、世情が騒がしくなっているので将軍家の御寿算（横死せずに寿命を全うすること）を祈祷していたところ、呪詛の霊気を感じたので万が一に備えていたという。和田合戦の直前、和田氏と北条氏の衝突は避けられないと緊張し、双方がいつでも出陣できる状態で待機していたので、天下静謐の祈祷から御敵調伏の祈祷まで、さまざまな祈祷が行われていた（『吾妻鏡』『門葉記』）。弁覚もその一人で、源実朝の延命増寿の護法を行い、別当坊にいる人々には武装の準備をさせておいたのであろう。この功績により、鎮西の土黒庄（豊前国黒土庄）を給わっている（『吾妻鏡』）。

和田合戦の後、弁覚は日光山に戻っている。畠山重忠の子重慶阿闍梨《じゅうけいあじゃり》を日光山の麓で捕らえたと、鎌倉に報告を送った。元久二年（一二〇五）の二俣川合戦《ふたまたがわかっせん》となった畠山重忠の謀叛は無実の認定を受けたが、北条義時政権は畠山氏の復興を認めなかった（『吾妻鏡』）。名誉は回復されたが、秩父一族の畠山氏の地位も財産も元には戻さなかった。重慶は家の再興を認めなかった事に対する不満から、和田義盛加担を決めたのであろう。

源実朝を慕う弁覚

本山派修験道の大峰奥駆道《おおみねおくがけみち》第六十二番の笙窟《しょうのいわや》の本尊不動明王像の台座には、寛喜四年（一二三二）三月付で勧進大先達法印弁覚《かんじんだいせんだつほういんべんかく》が造立《ぞうりゅう》したことを伝える台座銘がある。弁覚の思ってい

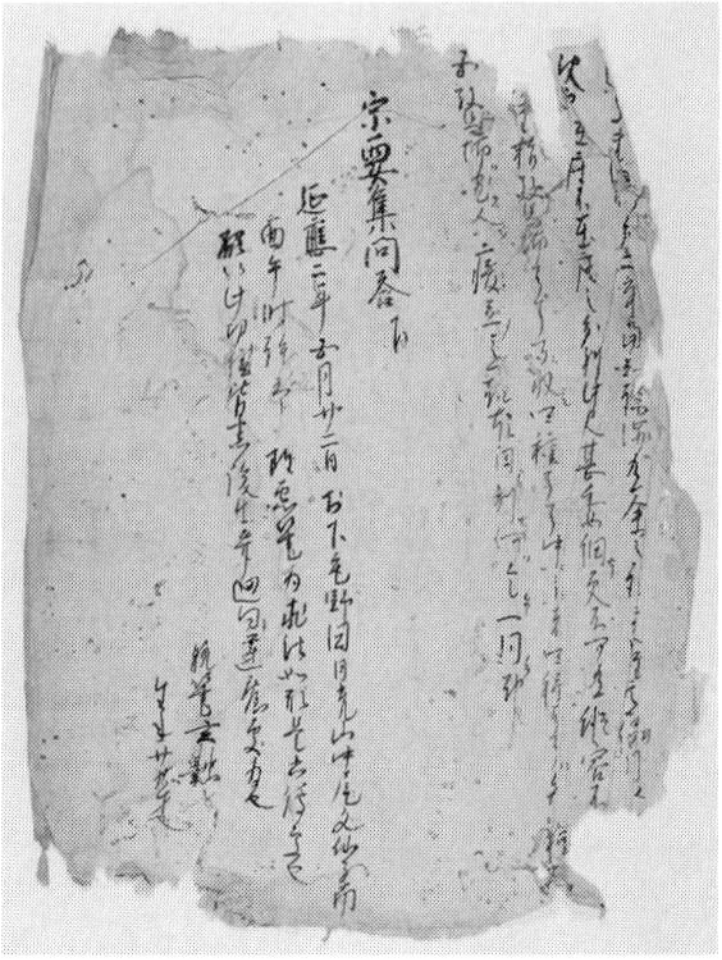
2-2　『宗要集問答』

たことが伝わる文章なので、すこし意訳を加えながら本文をみてみよう。

敬いて銘す。鋳（鋳造）したてまつる笙巌窟本尊三尺不動明王像一躰。

右、故征夷大将軍右大臣家御嚢日御願（日頃から心の中に納めていた願いにより）、敬いて、これを造立す。彼の御菩提に資し奉ること、くだんの如し。

時に、寛喜四年三月　日

勧進大先達法印弁覚

銘文には、熊野詣が源実朝の御願であったこと、弁覚が源実朝の菩提を供養するために造立したことが記されている。この銘文を、仮に真であると考えよう。弁覚が源実朝の時代に日光山別当坊を鎌倉犬懸谷に新造したのは確かだし、験者として実朝と接し、慕っていたことは確かである。しかし、「故征夷大将軍右大臣家御嚢日御願」という表記は、源実朝という人を理解していないことを如実に物語っている。体調不良の実朝に修験道の護法を行っても、実朝と親しく話したことはないのではないだろうか。鎌倉殿は征夷大将軍でいいと考えていたのは京都の文化を知らない北条義時で、源実朝や大江広元は父源頼朝以上の官位が必要と考えていた（『吾妻鏡』）。なぜなら、源頼朝は日本国惣守護・惣地頭を示す地位として近衛大将を考えていた。嫡子頼家は鎌倉殿の家督を継いで五年で失脚したので、左衛門府の長官左衛門督に昇ったまでであった。何が問題かというと、鎌倉殿は日本国の軍事・警察の権限を握る武家の最上位に居る者として、それにふさわしい官職を模索していた。最上位の武官は左近衛大将であるが、これは大臣家の格式を持つ公家が勤めるので、権大納言を勤めた源頼朝は大納言で就ける最上位の武官右近衛大将まで昇ったことになる。京都を知らない北条義時は、奥州藤原氏を討つために必要であった征夷大将軍でいいという（『吾妻鏡』）。しかし、征夷大将軍は陸奥・出羽両国の軍事に対する指揮権は持てるが、他の国々に対する権限は返上する必要が生じる。弁覚は、北条義時を通じて源実朝とつながっていたことを示唆する。源実朝と直接話してはいないことも、考えてよいかもしれない。源実朝の考えを理解していれば、征夷大将軍では低すぎると認識していたはずである。源実朝は、頼朝を越えて左近衛大将に補任されるためには、大臣に着任する必要があると考えていた。銘文を真とみれば、弁覚は源

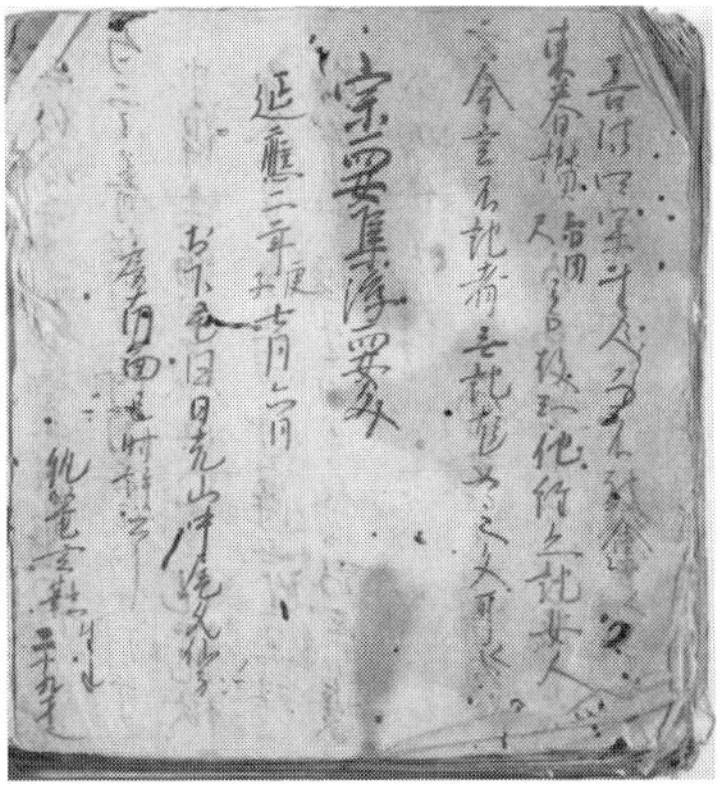

2-3　『宗要集浮要文』

実朝と直に話し込んだことがないという解釈になる。偽とみれば、武家政権を主導する者は征夷大将軍を務めなければならないという考えが定着した後に、弁覚の名で彫られた銘文ということになる。後刻の場合、南北朝時代以降になるだろう。鎌倉時代の将軍家は、全国の武家を束ねる者の地位を示すものとして官位を考えるので、初任の者でも補任できる征夷大将軍では幕府の首長の地位にふさわしくないと認識していたためである。

　銘文の真偽の問題は残るものの、弁覚が熊野で修行したと記す『日光山別当次第』の記述が創作ではないこと、弁覚が法印まで昇っていたことは事実とみてよいだろう。日光が補陀洛《ふだらく》信仰を通じて熊野とつながっていたことを語るのは、下河辺《しもこうべ》行秀《ゆきひで》の補陀洛渡海を伝える『吾妻鏡』天福元年（一二三三）五月二十七日条の方が適切かもしれない。下河辺氏は源家将軍や北条氏に弓馬の儀礼を伝授する射芸の家で、源頼政の郎党として以仁王挙兵（一一八〇年）を源頼朝に伝えた下河辺行平以来、源頼家・北条泰時に弓馬の芸を伝授してきた。北条泰時も、同世代の下河辺行秀を竹馬の友と語っているので、弓馬の芸の専門家として鎌倉幕府の中枢とつながっていたことは間違いない（『吾妻鏡』）。ただし、下河辺庄は下総国で、下河辺氏が日光山を支援したことを伝える資料はない。間に弁覚の実家関氏が入って、秀郷流の家のひとつとして、下河辺行秀が日光山と接点を持ったと考えてよいだろう。

　銘文を真と見なす前提で、弁覚は日光山・鎌倉犬懸谷の日光山別当坊・熊野三山を行き来しながら、熊野修験を日光に移入しようとしたと考える。鎌倉や日光山に居ても、弁覚が法印に昇る機会はない。中世の僧綱は、顕密仏教の学侶が補任される本流の枠の他に、石清水八幡宮の社僧や熊野三山の社僧などの宮寺の社僧を補任する別枠があり、熊野三山社僧は法印まで昇進している（「僧綱補任残闕」）。修験道の護法は学んでいても、鎮護国家の修法を勤めないので、弁覚は熊野三山枠で法印まで昇進したと推測してよい。そのためには、弁覚は熊野信仰の大先達として、鎌倉や下野の人々を熊野詣に誘い、熊野三山も弁覚の功績を認めて法印まで推挙したと推測するしかないだろう。鎌倉で育ち、鎌倉で活動する僧侶は、朝廷のために鎮護国家の祈祷を行っていないので法眼が上限であり、法印まで昇れない。弁覚が出入りしている範囲で唯一、法印まで昇進できるのは熊野三山である。

寛元三年（一二四五）三月十六日、前将軍九条頼経は、二所（伊豆山・箱根山）に奉幣御使《ほうべいのおつかい》を派遣するための精進屋として、日光山別当弁覚の犬懸谷坊に入御《にゅうぎょ》した（『吾妻鏡』）。日光山別当坊に将軍が入御するのは、これが初めてである。箱根山別当興実《こうじつ》も、亀谷《かめがやつ》に別当坊を持っていた（『関東往還記』）。鎌倉と関係の深い地方有力寺社は鎌倉で活動するための拠点として坊を構えていたので、弁覚が特別というわけではなかった。

延応二年（一二四〇）、玄融が日光山中尾の文仙房で『宗要集問答』・『宗要集浮要文』を書写している（称名寺所蔵）。天台宗の宗要を記した『宗要集』の抄出と解説で、天台顕教寺院日光山な

2-4　日光華厳の滝

2-5　四本龍寺三重塔

ら持っていても不思議のない写本である。称名寺本『宗要集問答』は奥書で書写年代が確定するので、南北朝時代写本の叡山文庫所蔵本より古写本である。『宗要集浮要文』は『仏書解説大辞典』に項目がないので、残っている写本も少ないと推測している。称名寺は、真言密教広沢流と中世律宗の兼修である。園城寺には園城寺長吏顕弁を始め、金沢氏出身の僧侶が何人も入っているので、天台寺門系の密教書も伝来している。延暦寺系の天台聖教は、横浜市金沢区氷取沢《ひとりざわ》にあった円宗寺（廃寺）に居た天台律宗《てんだいりっしゅう》の僧心慶《しんけい》の書写本が、称名寺常住物となったことで称名寺聖教に含まれている。称名寺が天台律宗の僧心慶の遺品を引き取ったと推測している。僧侶の私物は、持ち主と共に移動し、法灯が断絶した時に寺院の財産となる。縁あって称

図三　信仰の対象となる山の違い

二荒神（神祇）	男体山	女峰山	
勝道（山林仏教）	男体山		
日光修験	男体山	女峰山	太郎山
宇都宮二荒山神社		女峰山	太郎山

2-6　三仏堂

名寺に伝わった日光山の聖教である。『日光山別当次第』が「学文の山」と書くだけあって、基本的な聖教だけではなく、聖教の注釈書まで所持していたことがわかる。

弁覚がもたらした信仰の変容

弁覚が行った日光山修造の特徴は、天台顕教の寺院だった日光山に本山派修験道を持ち込み、日光山に熊野三所権現を倣った日光三《にっこうさん》所権現《じょごんげん》を成立させ、日光修験《にっこうしゅげん》が形成されていく端緒を作ったことである。

中世日光山は山林仏教から始

2-7 『諸尊図像集』尊星王像

まって、天台顕密寺院へと発展し、さらに鎌倉に進出するので、顕教・密教・山林仏教（一部の遁世僧）が併存する世界である。延暦寺末寺の天台顕教寺院となった日光山では、勝道から始まる山林仏教が継続しているので、山林仏教から熊野修験を祖型とした日光修験へと変化していくことに大きな抵抗はないだろう。弁覚は、勝道を開山上人《かいざんしょうにん》に祭り上げ、熊野修験によって上書きした日光三所権現という新たな信仰の段階へと変容させていった。

弁覚が日光山を修験道の山に作り替えることに力を注いでいたのであれば、鎌倉の仏教が武家鎮護の密教へと大きく傾斜していく流れとは異なる方向に進んでいたことになる。日光山の寺院に天台密教を本格的に加えていく四代将軍九条頼経の子源恵が別当に就任するまで、日光山が鎌倉を護持する寺院に名を連ねないのは、隆宣が目指していた方向性を否定した結果であった。

日光の堂舎は、勝道上人の創建の紫雲立寺にはじまる。

紫雲龍寺は四本龍寺（本宮・中禅寺・滝尾社・新宮）に発展し、日光山万願寺の本堂の名称として残されている。

寺院の中心は、金堂である。金堂と本堂は同じ意味で用いられることが多いが、弁覚が修造した日光山は、日光山発祥に関わる四本龍寺を本堂、日光修験の中心となる日光三所権現を祀る堂舎を金堂（現在は三仏堂）と呼び、並立させていた。

四本龍寺は、新宮（男体山、千手観音）・滝尾社（女峰山、阿弥陀如来）・本宮（太郎山・馬頭観音）・中禅寺（神宮寺）を合祀している。日光三所権現の信仰が入ってきた際、日光の信仰の中核である男体山が本宮から新宮に格下げされたことは重要である。男体山が菩薩なのは、勝道によって観音霊場とされたことで、千手観音と習合した影響であろう。男女神である二荒神の女神を象徴する女峰山は、阿弥陀如来と習合している。如来と菩薩では、神仏の序列で如来が格上である。日光三所権現は、この問題をさらに複雑にした。忿怒形の馬頭観音を本宮としたのである。本宮と新宮では、本宮が上位である。日光三所権現の本宮は太郎山（馬頭観音）であり、山で表現すれば太郎山・女峰山・男体山の序列が形成されたことになる。弁覚は、熊野三所権現を日光に持ち込んだ時に、神仏の格付けを組み直していた。弁覚は、日光山の修造を行いながら、信仰も組み替えていたのである。単なる社寺の再興ではなく、信仰の再構築を行っていたことは重要である。

一方で、男体山信仰は隆盛に向かっていく。神祇の二荒神信仰は、男体山と女峰山が対の男女神であり、太郎山は御子神である。男体山は修験道の道場として多くの行者や信者を呼び寄せている。しかし、男体山は教学の上では主神の地位を失っている。信仰の山としては、隆盛に向かっていくのが皮肉である。鎌倉時代前期の日光山は、神祇官の二荒山信仰、勝道の補陀洛信仰、宗円大法師の天台顕教、弁覚の日光修験（本山派修験）が重なり合った信仰の山になった。神仏の関係も複雑な状況になっていた。

南北朝時代の記録になるが、『神道集』「宇都宮大明神事」は、宇都宮大明神の御神体を男神を忿怒形の馬頭観音、女神を阿弥陀如来とする。これは、男体山・女峰山を二荒神とした平安時代の二荒山神社ではなく、日光三所権現の本宮・滝尾社である。男女ではあるが、母子となっているのが特徴である。宇都宮二荒山神社の神が変容したのは鎌倉時代前中期、日光山別当弁覚の時代以後となる。

日光山の堂舎修造

日光山の金堂は、弁覚の時代に整備されている。金堂の中心に安置された千手観音像は、源頼朝の乳母《めのと》子《ご》結城《ゆうき》朝光《ともみつ》（頼朝乳母寒河尼と小山政光の子、一一六八～一二五四年）が造立したと記している。秀郷《ひでさと》流《りゅう》藤原《ふじわら》氏《し》は、嫡流の大田行朝が建久五年（一一九四）に源頼朝の逆鱗にふれて武蔵国大田庄を没収され、嫡流家が小山朝政に移っている（『吾妻鏡』『尊卑分脈』）。結城朝光が日光山金堂の本尊を造立したことは、下野国守護小山氏として、下野国鎮守に位置づけられた日光山を外護することで、権威を示そうとしたのであろう（『神道集』「日光権現事」）。特に、日光山は、奥州藤原氏・延暦寺の影響を強く受けていたので、鎌倉幕府の権威が及びにくい社寺であった。日光山修造に関わることは、小山氏が下野国中部に食い込む好機と考えたことは推測してよい。

秀郷流藤原氏は、武蔵国大田庄を本領とする大田氏を嫡流とした。下野国南部に所領を持つ小山氏は、一族の分布の中で北限に位置する家である。秀郷流関氏の子弁覚が日光山別当を安定的に治めている時に良好な関係を築いておかないと、下野国の中部より北には進出が難しくなる。守護の職権で命令を出すことはできるが、小山氏の名前で人を動かせなければ、役職上の上下関係がある故に従っているつながりにすぎない。小山氏が一万騎の動員力があるというのは、下野・武蔵・下総に広がる一族や郎党を参集させた数字で、下野国で動かせる武士はその中の何割かが問題になる。有力な分家結城氏・下河辺氏は、下総国の豪族である。下野国の有力社寺の造営をおこなうことは、下野国衙の在庁小山氏の仕事である。下野国の御家人に役を賦課するのは当然として、下野国守護小山氏の威信を示すためにも、一族に協力を求めたと考えてよいだろう。

女峰山が習合した阿弥陀如来は、笠間時朝の造立と伝える。太郎山が習合した馬頭観音は、周防守の妻となった笠間時朝の娘が造立したと伝える。周防守は塩屋親朝の可能性が高い。笠間時朝は宇都宮頼綱の甥、常陸国笠間保を知行する御家人である。笠間時朝は、宇都宮歌壇を代表する歌人の一人で、私家集に「前長門守時朝入道京田舎打聞集」（『新編　国歌大観』）がある。牧氏事件によって失脚した宇都宮氏の中で、庶流塩屋氏からさらに分かれた笠間時朝は、低迷する宇都宮氏を代表する存在として日光山修造に関わった可能性がある。日光山別当弁覚が推し進めようとする日光三所権現の本尊である千手観音・阿弥陀如来・忿怒形馬頭観音が揃っているので、金堂が日光修験の中心となったことは間違いないだろう（『日光山別当次第』）。弁覚・結城朝光・笠間時朝の生没年を考えれば、鎌倉幕府四代将軍九条頼経の時代を想定してよい。この構成は、現在の三仏堂に継承されている。

男体山と対になる女峰山を祀る滝尾千手堂《たきのおせんじゅどう》は、日光山の覚海阿闍梨が建立した（『日光山別当次第』）。本尊は朽損した堂舎の仏を安全な堂舎に移した客仏《きゃくぶつ》として残されていた古い仏像である。なぜ、千手観音なのかの疑問はあるが、三所権現の信仰が整えられる前と推測しておく。阿闍梨を役職名とするので密教を学んだ人物である。弁覚が熊野山と往来しているので、畿内の天台密教寺院から移ってきた僧と推測している。

熊野三山検校職は、園城寺聖護院門跡《おんじょうじしょうごいんもんぜき》の相承である。熊野三山を管理する上級寺院が園城寺なので、熊野修験を取りいれることは園城寺の法脈と結びつくことを意味する。熊野とのつながりが形成されたことで、園城寺系の天台密教が日光山に入ってくることは推測できる。特徴的なのは、北辰北斗を祀る信仰は、万願寺（後の輪王寺）が延暦寺系の妙見菩薩法なのに対し、日光修験は園城寺系の尊星王供《そんじょうおうく》を行うことである。日光修験は園城寺系密教を取りいれた護法なので、鎌倉時代を日光修験中心に語ってしまうと、日光の信仰の全体像をつかみ損ねる可能性がある。

密教は鎮護国家の祈祷を勤める学侶と、その範囲に入れない僧侶では、伝授を受けることのできる事相《じそう》（修法の知識や技術）の水準が全く異なる。秘儀伝授の世界なので、相手にどこまで教えるかは、教える側の判断である。京都・鎌倉で天皇・将軍を護持するために行う学侶の密教と、密教に関する知識だけ教わった地方寺院の僧侶では知識の水準が違う。覚海阿闍梨は、修法で唱僧や脇壇を勤める役職なので、密教修法を経験した数少ない人物の可能性がある。日光山を護持するため、熊野三山の神域を守る為にほどこす壇供《だんく》や呪術の技術を身につけていたと考えることができる。

四本龍寺の三重塔（現存）は、弁覚の時代に造営されている。源実朝の孝養を目的としたもので、軍荼利明王を本尊としている。軍荼利明王の効験は、息災延命と調伏《ちょうぶく》である。源実朝の孝養を考えるのであれば、降魔《ごうま》を目的とした本尊であろう。

弁覚の時代の重要な建物に、経蔵もある。『日光山別当次第』は、一切経を納めるために建立したと記している。保元の乱（一一五六年）で悪左府藤原頼長に味方した公卿の作と伝えているので、誰が納めたかは疑問としても、『二荒山一切経』のことを指していると考えて間違いないだろう。一切経を所蔵することは、寺院としての威信を示している。

この他にも、新宮の梵鐘は、弁覚の兄関政綱が正室の子の延命長寿を祈願し、建保四年（一二一六）三月二十二日の日付で鋳造したものである。弁覚の造営は日光山単独では困難なので、弁覚の縁者である秀郷流藤原氏の諸家や鎌倉幕府の中枢から遠ざかっている下野国の有力豪族宇都宮氏が財政支援をしている。弁覚は、建長三年（一二五一）八月四日に押原御所（栃木県鹿沼市）で亡くなった。

弁覚は、子の性弁を後任に指名していた。『日光山別当次第』は「親弟子」と記しているが、実子を意味する「真弟子」の誤写と考えて問題ないだろう。治山一年にして、衆徒の訴訟により改易されたという。後任の尊家法印の別当補任が建長五年十月というので、後任の決まらない空白がしばらく続いたことになる。何を訴えられたのかは、記されていない。

第三章　中世日光山の全盛時代――鎌倉時代中期

宝治合戦（一二四七年）で弁覚の実家関氏が衰微すると、天台宗を学ぶ人々が揺り返しを起こし、日光山の主流派が天台宗になった。鎌倉の仏教は武家鎮護の密教の時代に入っており、後任の尊家は鎌倉の日光山別当坊に常駐して将軍を守る験者として活動した。尊家の後継者源恵は、鎌倉の日光山別当坊と勝長寿院、延暦寺本覚院を兼務し、日光の名で異国降伏の祈祷を京都・鎌倉で行った。中世日光山の全盛時代である。

第一節　日光法印尊家の時代

新しい時代の始まり

日光山の衆徒が別当性弁を訴訟によって追放した背景には、隆宣・弁覚・性弁の実家関政泰が宝治合戦（一二四七年）で三浦泰村に与して滅ぼされたことの影響があると推測している。弁覚の日光山再興と日光山の信仰の再構築が可能であった背景には、関氏を通じてつながっていた秀郷流藤原氏の経済支援がある。弁覚は功績のある人なので、宝治合戦を理由にただちに別当辞任に追い込まれることはなかったが、弁覚の後継者が山務を執ることは認めないというのが衆徒の判断であろう。

日光山は延暦寺系の天台顕教寺院として、院政時代に形を整えていた。弁覚が日光山に持ち込んだ熊野修験は園城寺系なので、延暦寺系の教学を学んだ人々とは教学や事相に違うところがある。日光修験はすでに成立しているのでこれを止めることはできないが、性弁の別当就任を機に延暦寺の天台教学への揺り返しが起こっても、不思議ではない。園城寺系の天台密教は鎌倉や平泉など都市部には強いが、地方には末寺が少ない。日光修験は、修験道の山伏としていろいろなところに入っていけるが、寺院を主導する立場に立つことは難しかった。日光山衆徒は、性弁を追放したものの後任が決められなかった。延暦寺系の天台顕教主導でいくか、園城寺系の日光修験主導でいくかの方針も決まらないのであろう。日光山内の主導権争いが泥沼化したことが、鎌倉幕府の介入を招くことになる。

鎌倉幕府も、坂東にある延暦寺の末寺日光山衆徒は腫れ物にさわるように取り扱わなければならない相手であった。寛伝・隆宣・弁覚と鎌倉幕府が後押しした別当で、諍いの起こらなかった人はいないのである（『日光山別当次第』）。

鎌倉幕府が建長五年（一二五三）に補任した尊家《そんか》法印は、天台座主慈円の弟子西山宮道覚法親王の執事で、訴訟のために鎌倉に滞在しているところを引き抜いたと『日光山別当次第』は記述する。

尊家法印の鎌倉下向

尊家は天台座主慈賢の弟子で、天台密教三昧流を学んでいる。実家は和歌の家六条藤家《ろくじょうとうけ》、正三位藤原顕家の子である。歴代の青蓮院門跡《しょうれんいんもんぜき》に仕え、法印権大僧都まで昇進した。建長元年（一二四九）六月四日、道覚法親王の執事として、尊家法印は誕生した恒仁親王の延命長寿を祈願した北斗法を六月九日に行うための打ち合わせを右衛門権佐藤原高雅と行っている（青蓮院聖教『大王現行集』）。青蓮院門跡道覚法親王の使者として鎌倉に来たところを引き抜かれ、日光山別当に補任されたとする『日光山別当次第』の記述は正しいと考えてよいだろう。

尊家が鎌倉に下向したことを示す初見史料は、建長五年（一二五三）五月二十三日、炎旱《えんかん》を理由とした祈雨御祈《きうのごき》を命じられた五人の学侶に名を連ねた時である（『吾妻鏡』）。鎌倉で将軍御所に出仕することになったので、鎌倉幕府は尊家に役職として日光山別当職を宛がった。これにより、尊家は弁覚が使っていた鎌倉犬懸谷の日光山別当坊に移り、日光を通称に用いるようになった。天台密教三昧流《てんだいみっきょうざんまいりゅう》の尊家は、鎌倉犬懸谷の日光山別当坊で将軍家護持の修法や祈祷を行うので、鎌倉の日光山別当坊は密教の修法が行える院家として整備されていった。

尊家からみると、鎌倉の日光山別当坊が拠点となる院家、通称として用いる下野国の日光山別当職は役領である。将軍家や武家鎮護のために用いる聖教は、延暦寺から鎌倉犬懸谷の日光山別当坊に運び込まれたと推測している。

尊家は、下野国の日光山は弁覚の遺志を尊重しつつも、天台顕教寺院として運営しようとしたと考えている。日光山常行堂を修造し（『日光山別当次第』）、常行堂置文を定めた（「輪王寺文書」）。尊家別当補任以後の日光山を「かくて、山上はしずまり、里中穏かなり」（『日光山別当次第』）と記すのは、日光山衆徒や宇都宮の二荒山神社の社僧が望む顕教と、弁覚が始めた日光修験の世界に手をつけることは考えていなかったためと推測している。

鎌倉での尊家

『吾妻鏡』が尊家を日光法印の通称で記すのは、康元元年（一二五六）十月十三日条が初出である。この日、北条時頼の娘が亡くなった。病気平癒の加持祈祷を行った験者は、壇を壊して退出した。天台山門流の日光法印尊家は愛染王供《あいぜんおうく》、天台寺門流の法印権大僧都《ほういんごんのだいそうず》清尊《せいそん》は千手供《せんじゅく》、同じ寺門流の阿闍梨頼兼は『吾妻鏡』に脱文があり、行った壇供が不明である。尊家は、験者として地位が高い割には、『吾妻鏡』に記録される回数が少ない。日光山の山務もあり、時々日光山に登っていたことは考えてよいのかもしれない。尊家が日光に滞在するのであれば、弁覚の押原御所（栃木県鹿沼市）を継承した可能性が高い。日光に入ったといっても、鎌倉との連絡が取りやすく、呼び出しがかかったら速やかに移動できる場所がよいのである。麓の押原御所は、鎌倉街道中道から分岐して日光に入る道筋にあったと推測している。近世の日光御成道沿いである。

正嘉二年（一二五八）五月五日、勝長寿院供養曼荼羅供《しょうちょうじゅいんくようまんだらく》の導師を定めるくじ引きが行われた。候補は、安祥寺《あんしょうじ》僧正《そうじょう》良瑜《りょうゆ》（真言密教小野流）・鶴岡社務《つるがおかしゃむ》隆弁《りゅうべん》（天台密教寺門流）・日光法印尊家（天台密教山門流）・松殿法印《まつどのほういん》良基《りょうき》（真言密教）・左大臣法印《さだいじんほういん》厳恵《げんえ》（真言密教小野流）の五人である。鎌倉で活動するそれぞれの門流を代表する学侶五人が選ばれている。くじ引きの結果、松殿法印良基が導師に選ばれた（『吾妻鏡』）。

文応元年（一二六〇）五月十日、松下禅尼が施主となって、安達景盛の三回忌が行われた。願文は将軍宗尊親王の侍読《じとう》を勤める文章道博士家《もんじょうどうはかせけ》の藤原茂範《ふじわらのもちのり》が起草し、日光別当法印尊家が曼荼羅供の大阿闍梨を勤めた。八月十二日には、将軍宗尊親王の御悩（病気や体調不良）により、北条時宗が造立した薬師如来立像《やくしにょらいりゅうぞう》の供養導師を勤め、続いて薬師法を修した（『吾妻鏡』）。

弘長三年（一二六三）十一月十七日には、将軍宗尊親王御産の御祈として、放光仏頂図絵《ほうこうぶっちょうずえ》の供養を行った（『吾妻鏡』）。

一部抄出しただけであるが、『吾妻鏡』に記載された回数が多いとはいえない。それでも、鎌倉の天台密教山門流を代表する験者として登場してくる人物であることを認めてよい。

文永四年（一二六七）三月二十二日、日光山別当尊家は、日光山常行堂の運営に関する規則と罰則を定めた常行堂置文を発給した（「輪王寺文書」）。尊家は、性弁が日光山を退転する時に焼失した日光山常行堂を修造した人なので、常行堂の修造に合わせて置文を定めた可能性は考えてよい。

尊家は、文永十年（一二七三）十一月十二日に入滅したと『日光山別当次第』は伝える。

第二節　日光山別当源恵の登場

忠快から源恵まで

ここで、源恵が登場するまでの鎌倉の天台密教を概観しておこう。比叡山延暦寺が鎌倉の将軍家に対して天台密教の修法を行った記録「関東先例」（『門葉記』）は、鎌倉幕府三代将軍源実朝が篤く崇敬した小川法印忠快に始まる。

建保四年（一二一六）五月十二日に将軍御所で行った七仏薬師法《しちぶつやくしほう》が「関東先例」の初例である。忠快は、父門脇中納言教盛《かどわきちゅうなごんのりもり》の館小川殿《おがわどの》を引き継いだので、そこを院家に改築し、多くの弟子を育てた。忠快は、師の天台座主慈円から三昧流を継承していたが、そこに新たな解釈を加えて小《お》川流《がわりゅう》を起こした。もちろん、忠快を招いた鎌倉の宗教社会には、小川流の作法で密教修法を行うにあたり、役を割り振れる僧侶がいない。忠快は、源実朝から招かれる度に、京都から弟子を引き連れ、鎌倉で揃えられない法具を持参し、一群の集団を率いて下向することになった。

忠快没後の後継争いに敗れた良信は、鎌倉幕府四代将軍九条頼経に招かれて下向し、勝長寿院別当に就任した（『阿娑縛抄』『吾妻鏡』）。良信の別当就任により、勝長寿院は天台密教の学侶が別当を継承していく寺院になった。

鶴岡八幡宮の供僧第一といわれる隆宣が、鎌倉で密教の修法を行えるようになろうと学ぶのは、京都から下ってくる高僧を手伝い、修法の役を勤めるのに十分な知識と技術を身につける必要があったためである。脇壇阿闍梨などの重要な役の分担は無理でも、唱僧などの多くの僧侶を揃える役は鶴岡八幡宮や鎌倉の寺院の学侶に役が割り振られた。鎌倉の宗教社会は、まず、京都の密教を受容できるだけの知識と技術を身につけるところまで成長する必要があった。

四代将軍九条頼経の時代になると、頼経の叔父前園城寺長吏道慶《どうけい》や如意寺《にょいじ》法印《ほういん》隆弁など天台密教寺門流が高僧を派遣している。真言宗も、京都では少数勢力だったので、鎌倉に新天地を見いだした真言密教広沢流忍辱山流《にんにくせんりゅう》の定豪《じょうごう》が鶴岡社務まで昇進して勢力を伸ばし、京都でも栄達を始めた。定豪は、承久の乱（一二二一年）で後鳥羽院方についた高僧の役職を鎌倉幕府が没収した時、後任として推挙された学侶の一人である。

京都・奈良の権門寺院は、承久の乱の痛手から立ち直るにあたり、鎌倉幕府を新たな後援者として見直し、将軍家を護持することで鎌倉幕府から寺院や所領を給わることを考えるようになった。摂関家は、摂家将軍を新たな分家の成立と考えたので、将軍御所に人材を送り込んでいた。九条頼経の時代に、鎌倉の寺院社会は将軍家・鎌倉の武家政権を護持する密教の世界へと変貌していくのである。

延暦寺は、鎌倉で行う法会・修法の先例を「関東先例」と呼んだ。真言宗は、天皇のために行う「鎮護国家」に対する言葉として、将軍家を護持する「武家鎮護」という言葉をつくった。宗派の違いから言い分けているだけで、意味するものは同じである。

源恵の日光山別当補任まで

寛元元年（一二四三）正月五日、源恵は、将軍九条頼経と共に北条政村《ほうじょうまさむら》亭に御成《おなり》をした。幼名は、乙若である。寛元四年（一二四六）に宮騒動《みやそうどう》が起きて前将軍九条頼経は京都に送り返されることになったが、乙若は兄九条頼嗣と共に鎌倉に残った。その後、建長四年（一二五二）に将軍が九条頼嗣から宗尊親王に交代した時、乙若は兄と共に上洛した（『吾妻鏡』）。

京都に上った後の動向は追えなくなるが、源恵は日光法印尊家と天台座主最源から伝法灌頂を受けたと記録されている（『新撰座主伝』『尊卑分脈』）。最源のもと、延暦寺本覚院に入室したと考えてよいだろう。

複数の人から伝法灌頂を受けることを重受《じゅうじゅ》という。源恵は二人と師弟関係を結ぶことになるが、顕密仏教は八宗（天台宗・真言宗・南都六宗）兼学を碩学とするので、法流の系図である血脈《けちみゃく》に記載される水準まで修得する伝法灌頂《でんぼうかんじょう》重受《じゅうじゅ》は、特に問題がない。武家でいえば、主たる主人として主従関係を結んで生死を共にする強いつながりを持つ家人《けにん》と、必要な時に顔出しするゆるい主従関係を結ぶ家礼《けらい》の関係である。源恵の場合、最源から継承した延暦寺本覚院と、尊家から継承した日光山を兼帯する立場である。本覚院・日光、どちらの通称でも構わない。延暦寺では、天台座主最源の後継者として待遇を受けたが、鎌倉では将軍御所に験者として出仕する日光山別当の方が都合がよい。源恵の僧侶としての格付けは天台座主まで勤めた最源から継承し、鎌倉で活動する基盤は尊家から継承していた。

源恵の法流は、最源から継承した天台密教三昧流であり、尊家も同じ法流なので、兼修という関係にはならなかった。九条家は天台座主を輩出する家なので、日光山別当継承を衆徒に納得させるためという政治的配慮がなければ、尊家から伝法灌頂を受ける必要はなかった。尊家の遺産を継承するために、伝法灌頂を重受したと考えてよいのであろう。

延暦寺本覚院で修行をして朝廷のために鎮護国家の祈祷を行っていた源恵が、日光山別当坊に入り、尊家が武家鎮護のために行ってきた延暦寺「関東先例」を習得し、かつ尊家に付き従う人々を継承した。鎌倉幕府の依頼を受けた祈祷を行うために必要な人材である。同時に、日光山の山務を円滑に運営していくためにも必要であった。伝法灌頂重受は、源恵が鎌倉で活動していくための基盤を築くために必要な遺産を継承するための手続きであった。

源恵は、尊家が文永十年(一二七三)十一月十二日に入滅した後、翌文永十一年に日光山別当に就任した。源恵が、延暦寺本覚院・日光山別当・勝長寿院別当の三院寺兼帯となる初めての人である。

鎌倉幕府は、日光山衆徒が別当性弁を追放した後任を決められなかった時、介入して尊家を推した事が、もめずに日光山別当を補任できた初めての事例である。尊家から源恵へと日光山別当が交代した時、神祇官はまったく関与する余地がなかった。日光山別当の補任権が延暦寺に移っていることを示す別当交代であった。

日光山別当源恵が与えた影響

日光山別当源恵は、天台座主慈円の天台密教三昧流に属する。師は九条良平の子最源で、最源から延暦寺本覚院を継承した。また、鎌倉で尊家法印から三昧流の伝法灌頂を重受し、日光山別当を継承した。さらに、鎌倉幕府が小河法印忠快の高弟良信を鎌倉に留めておくために補任した勝長寿院別当職を、良信の弟子最信（足利義氏の子）から継承した。山門（延暦寺の法流）が鎌倉に持つ要職を一身に帯びたのが源恵である。源恵は、鎌倉の日光山別当坊を本坊とし、鎌倉の天台山門流（延暦寺系）の頂点にたった。この時、鎌倉の天台宗の頂点にいたのは、園城寺長吏《おんじょうじちょうり》と鶴岡社務を兼務していた天台寺門流（園城寺系）の隆弁である。

源恵は上洛して、正応五年（一二九二）九月四日に天台座主に補任され、八ヶ月務めた。天台宗の頂点に立ったことを経歴として残すための名誉の補任である（『天台座主記』）。日光山別当を勤めた者が天台座主に就任した初例である。

この間、鎌倉で勤めていた役職はそのまま留任していた。源恵は、京都でも日光の通称で通した。源恵が京都で修法の大阿闍梨を勤める時は、延暦寺の学侶と鎌倉の日光山別当坊に出仕をする学侶が脇壇阿闍梨や伴僧を勤めたので、下野国の日光山の衆徒が招かれることはない。

下野国の地方史なら、日光山で天台顕教を学んで日光山衆徒となった人々を追っていればよかった。しかし、鎌倉犬懸谷の日光山別当坊に出仕する人々は、将軍家を護持するために、本山に準ずる天台顕教・天台密教の法会・修法を勤めなければならない。鎌倉の日光山別当坊は、人数が必要な時は、本山から人を招くか、下野国の日光山から呼ばなければならない。日光山は、本山に準ずる教相（教学）と事相（実務）を学ぶことを求められる東国の拠点の役割を担わなければならなくなった。下野国日光山の頭脳は、鎌倉犬懸谷の日光山別当坊である。尊家法印が治めていた時は明らかでないが、源恵の代になると、日光山に居る人々の階層が高くなっている状況が見えてくる。

源恵の時代、法印の僧位を持つ人物が日光山に下向している。鎌倉に居れば、源恵が鎌倉幕府から引き受けた法会・修法の脇壇阿闍梨を勤める力量を持つ学侶を、日光山に派遣していた。この法印は、源恵の手代《てがわり》（代理）として日光山の経営にあたるだけではなく、源恵が鎌倉で勤める法会・修法の役を配分できる人材を育てる役割も持っていた。鎌倉時代の日光山を常行堂を中心とした天台顕教と日光修験だけで語ることは、鎌倉の日光山別当坊の存在を忘れたことから引き起こされる誤認である。下野国日光山の僧侶も、鎌倉で行う武家鎮護（延暦寺の「関東先例」）を目的とした大規模な法会・修法で役を分担することを求めるようになったのである。

第三節　源恵の時代の日光山

日光山別当としての源恵

『日光山別当次第』は、尊家・源恵の時代を「かくて山上しずまり、里中穏かなり」と記す。治承元年（一一七七）から幾度となく繰り返されてきた日光山の内訌が、この時代はなかったというのである。日光山内が治まっていたことを示す表現と理解してよいだろう。

源恵は、本覚院と日光の通称を京都・鎌倉で使ったので、京都でも日光山は東国の重要な寺院と認識されるようになった。京都から鎌倉に下って活動する高僧は多いが、彼らは鎌倉で補任された別当職を役領と考えているので、岡崎（京都の岡崎実乗坊）・安祥寺《あんしょうじ》（真言密教小野流安祥寺流の本山）など、京都の地名や寺院名を通称に用いることが多かった。誰が呼ばれたのかを区別するためなので、鎌倉なら永福寺・大慈寺の別当の方が間違いがない。しかし、顕密寺院の学侶は京都の通称を使い続けた。源恵もまた勝長寿院を使わなかった。

源恵は、文永十一年（一二七四）に日光山別当に補任された（『日光山別当次第』）。着任三年目の建治二年（一二七六）閏三月五日、源恵は日光山常行堂置文を定めた（「輪王寺文書」）。先代尊家法印の定めた置文があるので、代替わりで置文を定めることに異論はないだろう。源恵の置文は尊家が定めた二十二条から十四条に縮小されているが、項目に附帯する文言が詳細になっている。

細かく書き込まれたものは、詳細な規定を必要とするようになったので、細項目まで定めたためである。一例だけ挙げておこう。

一　庭立《ていりゅう》（庭に立ったまま列し）、（法会や講などの儀式で）大調声《だいちょうしょう》（読経や真言を大きな声で唱和すること）の時期に暇《いとま》（休暇）をとる事、

事前に人数を確定するための帳文を定め置いたのに、辞退を申し出る者がいる。二親（両親）・師匠・姉妹・兄弟の病気などは認める必要のある理由と理解するが、その他にも理由をつけて勤められないと申請を出す者がいる。祖父母・伯母・伯父・重恩の養父や養母といった両親に準ずる人々である。この人々（に限って）は、兄弟に準じて認めることとする。両親や師匠の追善供養は、百箇日・一周忌・三周忌・十三回忌の四度は休暇の申請を認める。期間については、往復に要する日数に三日を加えた日数とする。ただし、修正会《しゅしょうえ》で念仏を唱える人々については、休暇を一切認めない。

慶弔休暇の「弔」にあたる範囲をどこまで認めるかという規定で、尊家法印より具体的になっている。申請が多いので、認める範囲を広げてはいるが、一方で、今回認めた範囲以上は認めないことになる。実際は、これより広い範囲で親族を理由とした申請が出されていたのであろう。日光山で修学する顕教僧は地元の人が多いので、家族関係は複雑に入り組んでいる。異父兄弟《いふきょうだい》（母親を同じくする兄弟）や猶子《ゆうし》は含んでいない。また、家族ではないが、家族同様の生活をする養君《やしないぎみ》（家

で預かる主人の子）や乳母子《めのとご》（養育を託された部下の子）のように、中世の考え方で広義の家族に含める人々は、家族を理由に申請を出しても不思議ではない。出家して俗縁を断ったはずの僧侶だが、実際には俗縁が切れていないところから生じる問題である。それ故に、申請を認める範囲を明文化して共通認識とする必要がある。日光山が申請を却下するためだけではなく、葬儀やお見舞いに駆けつけられない本人も、不参の理由を寺院の規定であると親族に説明することができる。地域社会の事情を考えれば、日光山が定める規定として、明文化しておいた方がよい。

休暇の日数は、現地三日＋移動に要する日と定めている。日光山の麓の人なら、下山は一日、法要のために三日、帰山は一日で五日間の休暇となる。遠方の人は、往復に要する日数を加算する規定である。法会は準備段階で人選を行うので、役を割り振られた後に急な理由で一定数の辞退がでることは運営側も想定している。認めざるを得ない申請は承認するが、法会には定数があるので欠員を補充する必要がある。葬儀による休暇申請が出されて、法会の当日までに戻ってくるのかわからないのも、運営側としては人数が確定できないので困る。休暇の日数を定める規定を明確にしておく必要がここにある。

この置文全体に言えることは、日光山の山内が弛緩していることである。源恵や共に日光山に入った京都・鎌倉の僧侶たちは、地方はのんびりとしているといえば聞こえはよいが、鎮護国家の祈祷を行う延暦寺の拠点となる地方大寺院にふさわしくない日光山の弛緩した空気を一掃したい考えはあったろう。尊家法印が定めた置文より厳密な規定は、日光山が鎌倉の日光山別当坊の後方拠点であり、大きな法会を行う時には人材の供給源となりうる寺院として機能することを望んでいる。鎌倉の法会で恥をかかない緊張感のある運営を日光山に求めているのである。源恵が日光山に臨む態度は、尊家法印までの別当とは違っていた。

日光山に派遣される手代わり

日光山に派遣された法印は、延暦寺の教相・事相を熟知した人物である。南北朝時代に青蓮院門跡尊円法親王のまとめた『門葉記』が、教学から寺領までを含めた寺務の記録であることを考えれば、この大著に先例として収録されたことは、鎌倉時代の日光山が延暦寺の顕教を学べる場として認められていたことを意味する。後述する日光山で行われた『成菩提論』の伝授は、青蓮院門跡が『門葉記』に収録するに値すると判断した口授《くじゅ》（口伝えの伝授）である。地方寺院で行われた伝授の水準ではない。

元亨三年（一三二三）六月二十三日には、源恵の弟子雲聖《うんしょう》法印《ほういん》が宇都宮で入滅した（『常楽記』）。鎌倉にいる日光山別当が、下野国の日光山の教相（教学）・事相（法会の運営や作法といった実務）を指導し、法会を催行するために学侶を派遣したことのわかる事例がいくつかある。鎌倉の日光山別当坊から派遣された法印雲聖（公卿待遇の学侶）が宇都宮で亡くなったことは、宇都宮の二荒山神社の社僧の管理について、日光山別当がまだ関与する役割を持っていた可能性を示している。宇都宮氏は世俗と神事は管理できても、仏事と社僧については立ち入れない領域が残っていたということになる。

源恵が日光山に求めたもの

『門葉記』は、鎌倉で武家鎮護のために行った修法や祈祷を「関東先例」として記録している。『門葉記』には「関東冥道供現行記《かんとうみょうどうくげんぎょうき》」という記録があり、鎌倉で行われた「冥道供」の先例がここに集められている。天台密教が冥道供として行うものを、真言密教は琰摩天供《えんまてんぐ》として行う。琰魔天（閻魔大王）を本尊とした曼荼羅の絵像を掛け、病気平癒と延命息災を祈願して行う密教の「供」である。

密教の修法は、修法に用いる本尊、事相や規模によって作法や次第を変える。簡単にいうと、秘法・如法法《にょぼうほう》（如意宝珠仕立）・大法・中法・小法・護摩法（護摩壇中心に行う）・供があり、冥道供は最小規模で行う形式である。それでも、大阿闍梨は伴僧六人以下の人々に役を割り振るので、学侶と凡僧《ぼんそう》を合わせた人数は多くなる。源恵は、鎌倉の天台寺院に対して法会・修法で人を出すよう催促をかけられるが、別当坊のみ鎌倉に進出した状態の日光山衆徒にも、催促をかけたいところである。そのためには、日光山に居る人々を鎌倉で行っている法会・修法が勤まる水準まで育成する必要があった。

同時期、鶴岡社務を勤める園城寺の隆弁僧正は鎌倉で人材を育て、本山の仕事をする時は弟子に鶴岡八幡宮の社務代《しゃむだい》を勤めさせたり、本山に同行させた者を本山の院主《いんす》に補任したりと、鎌倉生え抜きの人材を京都で通用するように育てていた。隆弁の活動を脇で観ていれば、源恵も鎌倉に住む人々や地方大寺院としては水準の高い日光山の僧侶の中から優秀な人材を抜擢して育てたいと考えるであろう。天台宗の中で骨肉の争いを繰り返す園城寺には、負けていられないのである。

鎌倉時代末期に、天台密教の学侶として足利氏の分家渋川義春《しぶかわよしはる》の子顕潤《けんじゅん》（生没年未詳）が法印まで昇って脇壇阿闍梨を勤めるようになる。隆弁や源恵が鎌倉の武家社会の子弟の中から見いだした優秀な人材を学侶として育てる考えを持っていたことは間違いない。

『成菩提講』が明らかにする世界

現在の日光は、中世の天台仏教の痕跡が中心から外されている。しかし、本山である比叡山延暦寺の記録『門葉記』勤行巻第七「成菩提講《じょうぼだいこう》」には、次のような奥書《おくがき》のある聖教が収録されている。成菩提講は、延暦寺で月忌供養《がっきくよう》に用いる顕教の法会で、『門葉記』には先例と作法が収録されている。成菩提講は、供養の対象となる人物の成仏を祈願すると共に、天皇と上皇の無為《ぶい》と玉《ぎょく》

体安穏《たいあんのん》を祈願している。本尊も大日如来《だいにちにょらい》であり、密教色を帯びている。奥書は、

この行法次第、日光龍善房において口授せしむるを記し訖んぬ。深くこれを祕すべし。

弘安四年七月二十一日　　求法沙門隆昭記之

伝授を受けた隆昭《りゅうしょう》は、弘安九年（一二八六）正月十日に源恵が大阿闍梨を勤めた北条貞時《ほうじょうさだとき》御祈《ごき》如法仏眼法《にょほうぶつげんほう》で、助修《じょしゅう》を勤めている。弘安九年の僧官は阿闍梨で、律師に昇進すると有職《うしき》凡僧《ぼんそう》から学侶に身分が変わり、僧綱に名を連ねる。阿闍梨は、朝廷や公家に出仕する侍《さむらい》（正六位上の位階にある者）の身分が相当である。鎌倉や日光山で学侶となるべく育てられた密教僧か、山務を執るために日光山に入った源恵の手代に随って下向した僧かは明らかでない。永仁元年（一二九三）に源恵が伏見天皇《ふしみてんのう》御所で勤めた異国降伏御祈七仏薬師法《いこくごうぶくごきしちぶつやくしほう》では法印の僧位にあり、聖天壇《しょうてんだん》を勤めた。異国降伏御祈が数多く行われ、その行事賞《ぎょうじのしょう》で僧侶の昇進が早い時期ではある。京都から下向した公卿・殿上人の子や鎌倉の有力な武家の子など家柄の良い家に生まれた学侶の可能性が高い。日光山の衆徒からの抜擢であれば、足利・宇都宮・小山といった下野国の有力豪族の子であろう。

下野の日光山で行われた伝授

鎌倉犬懸谷の日光山別当坊は、別当源恵が常駐するようになったことで、鎌倉の天台密教の中心となった。勝長寿院は、四代将軍九条頼経が招いた良信が弟子の最信（足利義氏の子）に別当職

を譲っていた。源恵は最信の後任として勝長寿院別当に兼任し、延暦寺本覚院・日光山別当・勝長寿院別当の三職を兼務することになった。源恵が日光山別当坊を本坊として使い、通称としたことで、源恵の率いる集団は日光の通称で認識されるようになった。若い時は、師最源から継承した本覚院も京都で使っていたが、地位を築いた後は日光で通している。

鎌倉での待遇は源頼朝が創建した勝長寿院別当であるが、勝長寿院は将軍家御願寺なので、鎌倉幕府の寺社奉行の管轄下に置かれる。延暦寺は、京都で山門嗷訴《さんもんごうそ》を繰り返しているので、洛《らく》中警固《ちゅうけいこ》を仕事とする六波羅探題とは緊張関係にある。鎌倉幕府とは和戦両様の関係なので、鎌倉幕府が強い権限を持つ御願寺を鎌倉の拠点とすることは望ましいことではない。延暦寺の末寺として整備された鎌倉の日光山別当坊なら、鎌倉幕府が都市鎌倉の市政を行うために定めた都市法に従っていればよい。源恵が鎌倉の拠点として日光山別当坊を使うのは、延暦寺が鎌倉幕府の武力に屈していない数少ない勢力であり、京都では優勢を保っているためである。鎌倉の街で、鎌倉幕府の縛りがかかっている寺院を使うことは、避けた方がよいと考えている。

鎌倉犬懸谷の日光別当坊が鎌倉の天台の中心として天台密教を本格的に展開していく時期に、下野国の日光山でどのような伝授が行われたかを、ここで確認しておこう。

『大正新修大蔵経　図像部　門葉記』勤行七所収の「成菩提講《じょうぼだいこう》」なので、国文・史学・仏教の学部・学科のある大学なら大学図書館で活字本を読める。この中に、日光山龍善坊で行われた伝授が記録されているので、全文を収録しておこう。延暦寺青蓮院門跡の寺務記録の中に日光山で行われた顕教法会の口伝が収録されたことは、本山が先例として取り上げるに値する内容であり、鎌倉の天台仏教が関東の田舎天台といわれるような水準の低いものではなかったことを示している。

伝授した人物は明らかでないが、源恵が鎌倉に移った後に日光山の山務を執った京都から下向した学侶、伝授は口授なので、伝授を受けた側が備忘のために書き残した記録が『門葉記』に収録された聖教である。龍善坊で伝授を受けた隆昭は、後に源恵の側近となって鎌倉で武家鎮護の修法の脇壇阿闍梨を勤めた学侶である。以下の文章は、聖教を読み下し意訳を加えて意味を取りやすくした。

まず、総礼《そうらい》に出る時、導師は仏前に進んで、香呂《こうろ》を取る。気色《けしき》（周囲の状況を見て）起居し、三反《さんべん》礼をする。香呂を置いて礼盤《らいばん》に登る。総礼の間合は、前の方便である。毎事、急速は微々なり（何事も、早めることは少しずつである）。総礼して頌《しょう》了りぬ。即わち（すぐに）、金《かね》（銅鑼）を一打する。珠杵《じゅず》（数珠）・香呂を取り、金（銅鑼）を一丁す（一回鳴らす）。唄師《ばいし》が出音する（銅鑼を鳴らす鐃役《にょうやく》がいない）。此間、導師は、神分《しんぶん》と霊分《れいぶん》の祈願等を行う。長々しくならないように、要枢の所々を用いなければならない。金（銅鑼）は密々に打つべきである。振鈴《しんれい》は久しからず、形のごとく振る。急速に鳴らせば、梵音《ぼんおん》が下段（梵字で唱える真言の声調が低くなる）の正《しょう》念誦《ねんじゅ》となる。錫杖《しゃくじょう》が了り（九条錫杖経がおわっても、銅鑼は鳴らさない）、念誦がやむ（念誦の内に終わらせるのである）。講式を読む。式が了れば、また念誦を行う。此時に、調聲《ちょうしょう》は仏前に進み、行法《ぎょうほう》の香呂を取る。阿弥陀経を取り出し、諸衆は同じく行道《ぎょうどう》する（行列を作って定められた経路で堂内を練り歩く）。流通を経る段の程、念誦をやめる。五供養等を修す。経了りて香呂を置く時、やがて其の香呂を請け取り、方に随って（作法に従って）廻向をし合わせるなり。此間の作法は、よくよく、（間合いを見計らって）合すべきなり。以下、界（結界）を解きて、出堂を送りたてまつる。作善《さぜん》は常のごとし。この行法は秘印明《ひいんみょう》（秘儀伝授によって授ける印明）等を加えず。常に十八道《じゅうはちどう》が定めなり。堂の本尊は大日（如来）である。行法の口授はこれに在り。

また作法（各別）。

普通式の講のごとく、総礼の間に仏前に進み、礼盤の下に蹲踞《そんきょ》する。総礼が了って、礼盤に登る（金一打〈銅鑼を一回鳴らす〉）。法用等は常の如くにして、講式を読み了える。六趣廻向《ろくしゅえこう》のため礼盤を下りる。この時、調聲し（天台声明《てんだいしょうみょう》で声を調え）、仏前に進む。香呂を取り、阿弥陀経を取り出す。諸衆の行道は同じである。この時、行法の師は礼盤に登る。前方の便了りて、神分の祈願等は、香呂を調聲にて持たれる間、ただ念誦ばかりなり。以前のごとく、流通の段の程、念誦をやめて、香呂を置く時、方に随って向い、合わせて廻らすなり。かくの如くに各別行《かくべちのぎょう》の時、一巻を経るの間、行法一座を合わせる間、よくよく心得、急速や微々を心得るのは、勿論である。

この行法の次第は、日光《にっこう》龍《りゅう》善房《ぜんぼう》で口授されたものを記したものである。これは、深く秘すべきものである。

弘安四年（一二八一）七月二十一日

求法沙門隆昭これを記す

成菩提講の次第を書いた作法書であり、秘密印明《ひみついんみょう》も用いないというので、天台顕教の枡形本《ますがたぼん》と判断してよい内容である。よく見られる聖教との違いといえば、法会の運営にあたっての緩急の取り方、全体の呼吸を合わせる間合いの取り方などを面授で教えていることである。本山に居て朝廷のために密教の修法や顕教の法会の席に名を連ねていれば、現場でこれを体験している。しかし、本山に居ても朝廷や公卿が主催する法会・修法に名を連ねる学識や地位に到達していない人、地方の僧侶は、聖教に書かれたことを読んで理解するしかない。未熟や下手を意味する「泥《でい》のごとし」と言われる僧侶は、所作・作法や法会の運営がなめらかでなかったり、間の取り方が下手だったり、手順を間違えたりという失敗を批判される。本山の学侶（源恵の取り巻きの中で、日光山に派遣された人）が隆昭に面授をしたのは、延暦寺のやり方による法会の運営を身につけさせるにあたり、緩急の付け方と間の取り方を教えたと考えてよいだろう。「成菩提講」の知識は吸収しているので、その席に名を連ねた時に円滑な運営に支障をきたすような失態をして「如《にょ》泥《でい》」の批判を受けないように、伝授したと推測している。基本的な知識と技術は身につけているので、なめらかに行えるように矯正している伝授といったところである。

源恵が鎌倉で大規模な法会を引き受けた時のために、下野国の地域社会で暮らしている日光山の僧徒を鎌倉で行う顕教の法会の伴僧が勤まる水準まで育てることを有利と考えれば、伸びそうな人材に延暦寺で行っている法会の水準を教える必要がある。幼少の時から、しかるべき家の子と法流を支えていくことになる優秀な弟子を選抜して伝授の対象とする密教を教えるのは間に合わないが、日光山で身につけた作法を洗練させ、鎌倉で催す法会に請僧として参列させることならできると判断しているのであろう。

繰り返しになるが、源恵の競争相手は、鶴岡社務を勤める園城寺の隆弁である。隆弁のように、京都まで連れて行って園城寺が引き受けた修法に参列させるところまで鎌倉で教える水準を高めないと、延暦寺は鎌倉で園城寺に圧倒された状態が続くことになる。隆弁が実績を出しているので、源恵も負けてはいられないのである。

顕教は講義と議論を重んずるので、山内でも優秀な衆徒は学識を持っている。ましてや、平安後期から延暦寺と平泉から学ぶことのできた学問寺として聖教を充実させている日光山である。向学心があれば、聖教はある。鎌倉に呼び寄せられる水準まで到達できると見込んだ日光山僧徒を選抜して延暦寺の流儀を伝授することは、本気で実施をする気概があれば、実行可能な下地は整っていた。

『渓嵐拾葉集』の記述

『渓嵐拾葉集《けいらんしゅうようしゅう》』の奥書に、以下の文言がある。

貞和三年［丁亥］二月二十六日、王城（京都）東山金山院方丈において、師説を記すと云々、
天台沙門光宗これを記す

応永九年十月二十二日、平泉寺においてこれを書く、
修晃

元禄十四年［辛巳］九月既望、日光山庫本を天台山浄教坊にて校対す、
住持法印実観

十五年［壬午］三月十二日、
重閲す

永享十年卯月七日、世良田山（上野国）長楽寺普光菴真言院において、御本書を賜り畢んぬ、
金資栄幸

元禄十四年歳次辛巳秋九月既望、野之下州（下野国）日光山庫本をもって、天台山浄教坊を校讐す、

二十四日、日光山所蔵別本をもって校對す、　住持法印実観
十五年壬午二月十二日、　重閲す

『渓嵐拾葉集』には、文保二年（一三一八）六月の光宗自序がある。『日光山別当次第』初稿本の「当山秘所《とうざんひしょ》」は、文保元年を時制の原点として書いている。文保元年締めの情報なので、『日光山別当次第』の成立がやや遅れる可能性が高いが、ほぼ同時期に編纂された本とみなしてよい。どちらかが、どちらかを読んで情報を抽出した可能性は低いだろう。

『渓嵐拾葉集』写本に記された奥書が、本書の情報が伝わっていく経緯を伝える。光宗は、文保二年に『渓嵐拾葉集』をまとめたが、その後に集まった情報を増補している。貞和三年（一三四七）は光宗の晩年なので、彼は亡くなるまで増補改訂を行っていたことがわかる。著作権法のある現代と違って、テキストは書写するたびに変化していく。著者が増補する場合もあるし、書写する人々が本文を修正したり、増補する場合もある。それゆえ、さまざまな異本《いほん》が成立する。『天台電子仏典版』本は、後に平泉で書写されたと記している。奥州藤原氏滅亡後、平泉の寺院群は平《ひら》泉惣別当《いずみそうべっとう》のもとに固まり、連携が強まっている。その平泉所持本が書写されて日光山庫に収蔵されていたというのであるから、奥州藤原氏滅亡後も、中尊寺を始めとした平泉の寺院群と日光山は仏典の書写を通じてつながりが維持されていたと考えてよいだろう。日光山には、鎌倉の別当坊から送られてくる本山延暦寺の教相・事相と、平泉から書写してくる仏典の両方が集積され

ていた可能性が高い。

日光山に文庫がいつ建てられたかは明らかでないが、弁覚の時代には一切経を納める経蔵があるので、院家堂塔ごとの蔵書と経蔵の蔵書で多くの仏典が集積されていたと考えてよいだろう。勝道以来の山林修行が弁覚によって修験道として再構築されたことで、日光修験の修行を行う人々と、天台宗の顕教・密教を学ぶ人々の二系統居ることが鮮明になっていく。そこに、尊家・源恵といった天台密教の本流の人々が別当に就任し、鎌倉の日光山別当坊の事情で、地方の大寺院であった日光山に対して鎌倉の水準で考えて法会・修法に参仕を求めることのできる人材の供給を求めた。日光山は、地方大寺院ではすまない状況に追い込まれ、鎌倉で行われている仏教の習得を求められたのである。

日光山僧徒の学識

『常行堂《じょうぎょうどう》故実《こじつ》双子《ぞうし》』は本文中に奥書のある書き継ぎ本で、最も古い奥書が「延慶二年（一三〇九）正月二十一日、日光山押原御所において、これを書く、源智六十二　在判」である。この奥書が原本の成立時期と推測している。押原御所（栃木県鹿沼市）は、日光山別当弁覚が亡くなった場所として『日光山別当次第』に記載がある。本奥書《ほんおくがき》（元の写本にある奥書）に記された本の伝領には、元亨二年（一三二二）に法印源智から源覚に譲るとある。その後、応安元年（一三六九）に観存が源覚伝領本《でんりょうぼん》を所蔵している。最後の奥書が文明十一年（一四七九）七月二十五日に観日坊長誉が書写したと記す奥書である。

源智は公卿の待遇を受ける法印まで昇っているので、鎌倉に居れば、大阿闍梨の横で壇供を勤める脇壇《わきだん》阿闍梨を勤める立場である。源恵の後任である仁澄（惟康親王皇子）が、日光山の山務を執るために派遣した学侶の可能性が高い。源智が日光山の僧徒が読むことを前提に書いたと推測すれば、仁澄はこの前年に日光山別当に就任したので、自らが日光山のことを学ぶと共に、日光山の僧徒が読むことを前提に故実《こじつ》や口伝《くでん》を和漢混淆文《わかんこんこうぶん》でまとめた仏典と推測することができる。

元亨二年に源智から源覚に譲られたのは、この年に仁澄が入滅し、源智が日光山別当の手代を離任したことを示唆する。源覚は、源智が日光山で育てた弟子と推測してよいだろう。

日光山の僧徒は、読経《どきょう》を勤めるので経典は漢文で読めても、作法や次第といった事相《じそう》の伝授が和漢混淆文で行われる水準となると、鎌倉の日光山別当坊が必要に応じて下野国の日光山に対して法会のために必要な唱僧《しょうそう》の招集をかけることができるかは、山務を代行するために日光山に入った法印の人を観る目にかかっていることになる。密教は、対面による口授で秘儀伝授を行うので、教えることのできる僧侶は限られる。日光山僧徒の中でも、特に優秀と認めた人や、地元の有力者の子に限られるのであろう。

鎌倉幕府が武家鎮護の法会・修法を行う場合、脇壇や唱僧の人選は幕府と公請《くじょう》（正式の依頼）を引き受けた寺院との間で行われる。源恵以後、天台山門派が大阿闍梨を引き受ければ、日光山別当の意向で日光山僧徒を請僧に加えることはできる。天台寺門派や真言宗各流派は割り振られた役に応じた学侶と唱僧を派遣してくるが、法会によって定めれた定数を揃えるのは主催側である。日光山別当坊に詰めている僧侶や鎌倉の延暦寺系寺院から派遣される僧侶は事情を説明すれば多少無理は聞いてもらえるものの、下野国日光山で育てた僧侶を法会の員数合わせに使いたいところである。

園城寺（天台寺門流）には『伝法灌頂血脈譜《でんぼうかんじょうけちみゃくふ》』、真言宗には『血脈類集記《けちみゃくるいじゅうき》』・『野沢血脈集《やたくけちみゃくしゅう》』といった詳細な血脈（法系図）が伝わっている。それによって、天台・真言の密教が鎌倉の武家社会に深く食い込んでいる状況を知ることができる。比叡山延暦寺は、鎌倉時代中後期を詳細に記録した血脈が伝わっていない。鎌倉や坂東で生まれ育った学侶が居ることは確認できるが、その規模や人数はわからない。血脈の残っていないことが悔やまれる。

第四節　日光山の全盛時代

鎌倉での活動の始まり

弘安元年（一二七八）六月二十三日、日光法印源恵は、鎌倉幕府の引付一番頭人北条宗政《ほうじょうむねまさ》の御

祈として冥道供を勤めた。源恵が、鎌倉で密教修法を勤めた最初の例である。ここでは、伴僧まで列記した事例を『門葉記』からひとつ挙げてみよう。

弘安八年二月六日、左典厩《さてんきゅう》（北条貞時）亭でこれを修された。疱瘡《ほうそう》の祈であった。すぐに平癒された。

大阿闍梨　権僧正源恵

助修六口

大夫権少僧都宴信（灑水）　二位法眼実誉（奉行・灑水）

三位権少僧都尊源（九條錫杖・神供）　助阿闍梨快尋（讃）

二位阿闍梨重源（唱礼・鐃・焼銭）　輔阿闍梨源深（鉢）

この中で、宴信《えんしん》は後に毛越寺別当《もうつうじべっとう》として転出するが（『奥州平泉文書』）、他の五人は源恵と共に行動し、僧官僧位を上げていく。冥道供運営の進行役と加持の対象に閼伽水《あかみず》（閼伽井《あかい》から汲んできた清浄な水）をかける灑水《れいすい》、冥道供のために用意した讃文《さんぶん》を読み上げる讃、仏の功徳を語る経文を読み上げたり真言を唱える唱礼《しょうらい》、法具として用いる錫杖の功徳を讃える九条錫杖経《くじょうしゃくじょうきょう》を唱える九条錫杖、修法が滞りなく行えるように神々を勧請して加護を願う神供《しんく》、修法の中で銅鑼を鳴らす役を勤める鐃《にょう》、修法のために用意した紙銭を焼く焼銭《しょうせん》、修法で鈴を鳴らす役を勤める鉢《はち》など、六人の助修は大阿闍梨が琰摩天《えんまてん》への祈り捧げるための脇役を分担している。神供や九条錫杖は法会のために荘厳《しょうごん》（清浄に飾り立てられた空間）の中に小壇を設けて担当する僧が読経や祭文《さいもん》を読み上げている。これらは、京都から鎌倉に下向して日光山別当坊に出仕している人々、北条氏・鎌倉幕府の有力な高官や御家人の子弟が延暦寺の学侶となることを目指して源恵のもとに集まった人々と考えてよい。宇都宮・那須の人々は見えないので、日光山で修行をした後に別当坊に出仕をするようになった人々は、天台顕教から天台密教に移る事がむずかしかったとみるべきであろう。最初から密教を学んでいないと、将軍家を護る武家鎮護の天台密教の高僧に昇ることはむずかしいのである。

異国降伏の祈祷

時代区分でいうと、鎌倉時代が中期から後期に変わる文永・弘安の頃、鎌倉の仏教は大きく発展することになる。その中心にいるのは、真言密教広沢流忍辱山流《にんにくせんりゅう》の定豪《じょうごう》の弟子定清《じょうせい》、仁和御《にんなご》流《りゅう》の益助法親王《やくじょほっしんのう》・頼助《らいじょ》・元瑜《げんゆ》、鎌倉に進出した西大寺流《さいだいじりゅう》律宗《りっしゅう》の忍性《にんしょう》、天台密教寺門流の隆弁《りゅうべん》とその弟子達、天台密教山門流の源恵《げんえ》とその弟子達である。鎌倉に人材が集まっていたことは、間違いのない時期である。彼らは、天台密教・真言密教を鎌倉に弘め、鎌倉の仏教を京都に準ずる水準に引き上げていった。その根底にあるのは、人材不足故に積極的に行われていた鎌倉生え抜きの学侶の育成が成果を出し、鎌倉の武家社会の支援を得られる者が京都で活躍する状況を生み出していたことである。

鎌倉幕府の実力が高まれば高まるほど、将軍家と鎌倉を護る法会・修法は護国の色合いが強まっていった。将軍家と鎌倉幕府を護持する顕密仏教寺院は、京都の天皇を護持する修法や加持祈祷を「玉躰安穏」と称したのに対し、将軍家を護持する修法・加持祈祷を「貴躰安穏《きたいあんおん》」と称した。日本国を守護する「鎮護国家」に対して、鎌倉幕府を守護する「武家鎮護」の用語を用いた。将軍家と鎌倉を護る法会・祈祷が、天皇と日本国を護る鎮護国家の法会・祈祷に準ずると認められたためである。

鎌倉は源頼朝が武家政権の本拠地として初めて整備した都市なので、辺境の地方都市から出発している。源家将軍の時代は、都市を治めていくための人材も施設も十分に調ってはいない状況であった。皇子の宗尊親王が鎌倉幕府の六代将軍に就任したことで、後嵯峨院は鎌倉の将軍御所に出仕することを朝廷に出勤する勤務と認める勤務規則改正を行った（「五代帝王物語」）。これで、京都の公家・高僧・官人は鎌倉に常駐しやすくなった。朝廷の官人も官僧も、家格の差によって上位の家が下位の家を飛び越して昇進していくことは認めているが、同等の場合は席次と勤務実績が優先される年功序列である。五代将軍九条頼嗣までは鎌倉で仕事をすることは官人の勤務と認めないので、僧侶も天台座主・園城寺長吏・醍醐座主など法流の中で昇進の上限に到達した高僧は鎌倉に下向して常駐するが、将来有望な中堅・若手は高僧のお供として一時下るか、単発の

3-1　中禅寺 立木観音堂と五大堂

仕事を引き受けるために朝廷に休暇願を出して鎌倉に下っていた。朝廷の官人の年労は今日の公務員の勤続年数（実際に勤務をしたと認められる勤務年数）と同じなので、勤続年数は昇進の条件として重要である。それが、京都の公家や権門寺院の学侶が鎌倉に長期滞在しない理由であった。

このような状況なので、大きな法会・修法を行うにあたって、大阿闍梨や脇壇阿闍梨など指導的な役割を勤める高僧は揃えられても、法会・修法を行う上で必要な熟練した中堅層や若手の人を揃えることのむずかしい状況が続いていた。鎌倉幕府もまた、京都から必要な人数の下向を依頼するのは莫大な費用となる。三代将軍源実朝の時代、建保二年（一二一四）に行われた大慈寺供養の時は、将軍源実朝が京都から高僧を招きたいと希望したのを、重臣達が思い留まらせた先例がある（『吾妻鏡』)。学侶の不足は、鎌倉幕府が法会・修法を行うにあたり、重要な課題であった。

鎌倉に常駐できる高僧を派遣し、鎌倉の寺院の役職を獲得しようと考えている権門寺院は、将軍家・北条氏・鎌倉の有力者の子弟を弟子に取り、京都に伴っても仕事が勤まる水準まで育てようとした。その人々は、師匠が上洛を命じられた時には鎌倉の留守を託すこともできる水準に到達していた。源恵が、朝廷の官人では非参議公卿に相当する法印を僧位を持つ高僧を日光山に派遣するのも、所領として日光山を治めるだけではなく、鎌倉で使える人材を見いだして育てることを合わせて考えていたためである。

日光山を収入源と考えているのであれば、所領経営に長けた人材を派遣すればよい。鎌倉の修法で源恵の脇を固める公卿待遇の法印を派遣する必要はなく、財務に通じた法眼や法橋で十分である。鎌倉に居る日光山別当が、鎌倉幕府の修法を引き受けるにあたって重要な脇役を託すことのできる法印を、日光山に派遣する意味を考える必要がある。

鎌倉における源恵の地位

鎌倉時代の日光の仏教は、現在残っている「輪王寺文書」が常行堂関係であることから延暦寺の天台顕教と、日光山別当弁覚によって持ち込まれた熊野修験を組み替えた日光修験の組み合わせと考えられてきた。日光という地域だけを考えれば、この自己完結で問題はない。しかし、中世日光山の頭脳は、鎌倉にある日光山別当坊である。下野国だけで話を完結させるのは、中心を説明していないことになる。

鎌倉時代中期以後の日光山は、延暦寺本覚院の兼務である。本覚院院主が鎌倉に下向して日光山別当坊に入ったので、日光山・延暦寺本覚院・勝長寿院の三院寺を束ねる本部機能を日光山別当坊が持つことになった。また、源恵は朝廷が依頼する修法を引き受けるため、京都に土御門本坊を構えていた（『門葉記』）。日光山別当は、京都では延暦寺本覚院の格付けで待遇を受け、鎌倉では勝長寿院の格付けで待遇を受けている。源恵が兼帯した四院寺を束ねる鎌倉の日光山別当坊が頭脳であり、中枢なのである。

尊家法印の跡を継いで日光山別当に就任した源恵は、足利氏の出身で天台密教小川流の最信から勝長寿院別当を継承し、天台密教の本流三昧流の師である最源から延暦寺本覚院を引き継いだ。この四院寺の中で最も格式が高いのは延暦寺本覚院であり、源恵は天台密教三昧流を学んだ人なので、本覚院に居て天皇御所の勤めを果たすのが一番重要な仕事のはずである。しかし、将軍家の子として、鎌倉を護持する武家鎮護の修法を行うことを鎌倉幕府が求めたので、鎌倉幕府との関係を考えて下向し、日光山別当坊を本務地として鎌倉幕府のために修法を行った。

延暦寺衆徒は、承久の乱（一二二一年）で美濃源氏山田重忠と共に勢多橋合戦で北条時房率いる幕府軍の進撃を止めた。延暦寺衆徒は、宇治川の守りが突破されたと聞いた後に帰山している（『吾妻鏡』『承久記』)。局地戦とはいえ、幕府軍に勝利したと考えている延暦寺は、承久の乱後は京都で鎌倉幕府の威圧に屈しない最大の集団となり、嗷訴を起こしては六波羅探題と衝突を繰り返していた。宗教的権威を持ち、武力でも鎌倉幕府に対して負い目を持たない延暦寺が、鎌倉幕府の管理下にある寺院に本部を置く選択をしなければならない理由はない。鎌倉に院家を構えるだけの敷地を確保している末寺日光山の別当坊を本部とするのは、当然の選択である。

源恵は将軍九条頼経の子であり、本山延暦寺で天台密教最上級の三昧流の伝授を受け、鎌倉の天台密教を主導する立場にたつ。その源恵が本部を置いたのが、鎌倉犬懸谷の日光山別当坊である。日光山が、下野国の地方大寺院であり、日光修験の山であるという説明は、地域史としては的を外してはいないものの、その頭脳が鎌倉の別当坊であることを忘れた理解である。

源恵が鎌倉で行った修法

建長四年(一二五二)、鎌倉幕府の将軍が摂家将軍九条頼嗣から親王将軍宗尊親王に交代する時、九条頼嗣と乙若(出家して源恵)兄弟が上洛した。乙若は天台座主最源のもとに入室《にっしつ》して天台密教三昧流を学び、密教僧として京都で鎮護国家の祈祷を勤めるようになった。文永十年(一二七三)、鎌倉で日光法印尊家が亡くなった後、文永十一年に日光山別当に補任されて、下野国の日光山に登った。日光山衆徒と対面して挨拶を済ませた後、源恵は鎌倉の日光山別当坊に移っている。日光山衆徒は源恵の着任に反発しなかったので、日光山の山上山下がしずまることになった（『日光山別当次第』）。

源恵の本番は、ここからである。鎌倉にいる天台仏教の学侶の頂点に立つ者として、振る舞わなければならない。

源恵が鎌倉で行った修法の特徴は、鎮護国家の祈祷として天皇に対してのみ行う台密《たいみつ》四箇大法《しかたいほう》のうち、熾盛光法《しじょうこうほう》・七仏薬師法《しちぶつやくしほう》・普賢延命法《ふげんえんめいほう》を鎌倉の将軍家のために行ったことである。熾盛光法は、除災を目的として行う。

源恵は、弘安九年（一二八六）正月十九日に、将軍家変異御祈として日光山別当坊で伴僧二十人を率いて熾盛光法を勤めた。雑掌は武蔵前司北条宣時《むさしのぜんじほうじょうのぶとき》、奉行は摂津親致《せっつちかむね》が勤めた。『門葉記』は伴僧の役を記しているので、大壇の両脇に護摩壇《ごまだん》・聖天壇《しょうてんだん》・十二天壇《じゅうにてんだん》・神供壇《しんくだん》を配置した五壇であったことがわかる。費用は万疋（銅銭百貫、十万枚）である。京都を模して大規模な修法を行うには、足りないのではないかと疑問が残る。源恵は、青蓮院門跡《しょうれんいんもんぜき》が継承する天台密教三昧流を学んでいるので、熾盛光法を行う知識も技術も持っている。しかし、鎌倉幕府の側に、天台密教の中でも最上級の修法を依頼したという認識がなかったのであろう。この時期は蒙古襲来による異国降伏祈祷のため、さまざまな修法が行われた。数多くの修法を社寺に依頼しているので費用不足という側面も考えなければならないが、朝廷や院が延暦寺に依頼すれば、莫大な経費のかかる最上級の修法を依頼した認識がなかった。

蒙古襲来に対応するために異国降伏祈祷を行うことは、鎌倉が密教の作法や技術を吸収する良い機会となった。一方で、急成長を遂げたため、京都の水準で執り行えているとは言いがたい状況でもあった。用意した費用の少なさは、鎌倉幕府の認識が追い付いていないことを示している。

七仏薬師法は、弘安五年（一二八二）八月二日、万里小路内裏《までのこうじだいり》で道玄が大阿闍梨を勤めた七仏薬師法の護摩壇を勤めたことが、『門葉記』七仏薬師法における源恵の初見である。源恵は京都に六条土御門本坊（場所は誤記か）を持っており（『門葉記』）、この坊が京都市街での活動拠点である。文永十一年（一二七四）には鎌倉の日光山別当坊を鎌倉の本坊としているので、天台寺門流の鶴岡社務隆弁と同様に、朝廷と鎌倉幕府の祈祷を引き受けるために、京都と鎌倉に拠点を持ち、往来する生活をしていたと推測してよいのだろう。京都の人々が日光という言葉から連想する人物が勝道から源恵へと変わった時、日光という言葉の示す世界が変わったのである。

正応二年（一二八九）六月二十九日、源恵は鎌倉の日光山別当坊（本坊）で異国降伏祈祷として七仏薬師法を行った（『門葉記』）。七仏薬師は、本体は薬師如来であるが、その功徳を顕すものとして表れた六体の化身を共に修する修法なので、本体と化身《けしん》六体を本尊として修する七仏薬師法とよんでである。息災増益を祈願する修法である。

『門葉記』は、源恵が正応二年に鎌倉で行った事例を二度目と記している。初例は、建保四年

（一二一六）五月十二日に小川法印忠快が将軍源実朝のために行ったものである。『吾妻鏡』建保四年五月十日条に記載があるので、詳細はわからないが、実施したことは確かである。

伴僧二十人は熾盛光法と同じであるが、護摩壇・聖天壇・十二天壇・薬叉壇で五壇を構成し、神供壇を脇に設けている。源恵は延暦寺の最上位の役職天台座主を勤めているので、鎌倉で揃えられないものは京都で調達して、別当坊に運び込んだ可能性を考えてもよいだろう。永仁元年（一二九三）二月二十二日には、源恵僧正は伏見天皇御所で異国降伏七仏薬師法の大阿闍梨を勤めている（『門葉記』）。

普賢延命法は、正応三年（一二九〇）七月七日、将軍御所で天変御祈のために二十人の伴僧を伴って行った。本来、普賢延命法は中法で行う延命法のひとつであるが、大法仕立の作法をつくり、魔障を調伏することで延命を祈願する延暦寺の大法に発展した。ここには、多くの壇を連ね、真言を数多く唱えることで効験がより強力になるという考え方がある。

北斗法の延命法は死を司る神北斗を歓喜させ、宥めることで寿命を伸ばしてもらう修法である。延命を目的とする修法で、死神を宥めて延命を祈願するより、死神を降伏《ごうぶく》させる方がより強力な修法であると選んだ理由が理解できるだろう。奉行は、佐々木宗綱が勤めた。

この他に注目すべきことは、『異国降伏祈祷記』（明王院文書）弘安四年（一二八一）四月十六日条の記述である。『異国降伏祈祷記』には、「日光法印（源恵）、日光山において、五大尊合行《ごだいそんごうぎょう》護《ご》摩《ま》（中略）、これを仰せらる」と記されている。鎌倉で五壇法を得意としたのは、四代将軍九条頼経の叔父三室戸《みむろと》僧正道慶《そうじょうどうけい》（前園城寺長吏）であるが、四代執権北条経時（一二二四〜四六年）を呪殺したと噂をたてられ、九条道家・頼経父子が失脚することになった（『岡屋関白記』）。それ以後、鎌倉では五壇法を行わなくなり、五壇法で用いる明王を護摩法で供養する五大尊合行護摩が行われるようになった。日光には真言宗寺院日輪寺（廃寺）の五大明王があるので、事相書と法具を持ち込めば中禅寺湖畔で行うことは可能である（「中禅寺私記」）。日輪寺が存続していたとは考えられず、天台寺院が真言密教の作法によって五大明王を造像することも考えがたい。日輪寺が祀っていた五大明王を、中禅寺湖畔の社寺が客仏《きゃくぶつ》（寺院・堂舎の廃絶により、受け入れた仏像）として受け入れたと推測している。五大堂を建設したのは近代であるが、客仏となっていた五大明王を本尊として中禅寺で護摩法を行った可能性は考えてよいだろう。いずれにせよ、源恵が日光山別当として日光で異国降伏の祈祷を行った事は確認してよい。

源恵が日光山別当を勤めた時代、鎌倉幕府は蒙古襲来に対応するため、異国降伏の祈祷を盛んに行った。蒙古襲来は、文永の役（一二七四年）・弘安の役（一二八一年）の二度だけではない。この両国は和平を結んでいないので、外交関係としては戦争が継続している。日本遠征が目的でなくても、元の艦隊が日本に接近したと報告されれば、異国降伏の祈祷が行われた。元号が正応・永仁と代わっても、異国降伏の祈祷は延々と続いていたのである。その時期に、鎌倉の天台密教を代表するのが源恵である。源恵は、鎌倉の日光山別当坊・勝長寿院・下野国日光山で異国降伏祈祷を行った。その他にも、日常的に行う延命長寿・天変消除の祈祷を勤めている。日光を通称として鎌倉の天台密教をとり仕切る源恵は、中世日光山の全盛時代を築いた人と考えてよい。

鎌倉の別当坊で執る日光山の山務

日光山の山務が鎌倉の別当坊で執られていたことは、『輪王寺文書』に残る嘉元三年（一三〇五）五月三日の日光山別当源恵御教書からわかる。本文を意訳すると次のようになる。

見衆と講衆を兼務することは適切ではないということを（別当源恵）に披露したところ、見衆の申請どおり、兼務を止めなさいという判断であった。（源恵の）仰せを受けて、伝達することは、この通りである。

嘉元三年五月三日　　法印（花押）

上執事法眼御房

この命令を受け取る上執事法眼御房は法眼源誉、乾元元年（一三〇二）に六十四歳なので、寛元二年（一二四二）誕生とわかる。ここに記された法印は、『輪王寺文書』にある正安二年（一三〇〇）正月二十八日の道誉書状の宛所（受取人）と裏花押から、中納言三条実躬の伯父帥法印房性（『実躬卿記』『輪王寺文書』）とわかる。源恵と共に鎌倉の日光山別当坊にいた人物で、同じ花押の据えられた古文書が数通ある。日光山別当坊源恵の側近である。内容は、日光山常行堂上執事が受取なので、阿弥陀の名号を唱え続ける常行三昧を勤める常行堂講衆が見衆を兼務することを禁止するよう求めたのに対し、源恵が認めた御教書である。日光山運営の原則に関わる案件なので、手代わりとして派遣されている法印は代決せず、鎌倉まで上申したものと推測している。

京都における日光山別当源恵

弘安五年（一二八二）八月五日、持明院統の万里小路殿で、天台座主道玄が大阿闍梨を勤めた七仏薬師法が行われた（『門葉記』）。伴僧は二十人である。この時、日光山別当源恵は助修として護摩壇を勤めた。時に、法印権大僧都である。鎌倉に居てこそ、関東の天台密教のトップであるが、法印は公卿待遇の僧位、権大僧都は近衛中将のような四位官人の官職が相当である。京都では、非参議公卿相当の学侶なので、上席の高僧が数多くいる。法会をとり仕切る大阿闍梨の勤める大壇の脇に設置される脇壇は、源恵が勤める護摩壇、教源が勤める十二天壇、印基の勤める金剛夜《こんごうや》叉明王《しゃみょうおう》壇、仁守《にんしゅ》の勤める聖天壇、最誉《さいよ》の勤める神供壇が設けられた。大壇の左右に二壇の五壇、離れた所に設けられる神供壇の合計六壇である。修法を勤める僧侶の地位としては、法会を主導する責任者大阿闍梨（導師）、大阿闍梨の勤める大壇の脇に配置される本尊が形成する曼荼羅の諸神仏を供養する脇壇阿闍梨、奉行・神供壇・九条錫杖壇・麗水（閼伽水担当）・唱礼（進行役）・鐃（銅鑼を鳴らす役）などの諸役を勤める僧侶、後列に下がって真言を唱える陀羅尼衆など多くの役割がある。弘安年間はまだ、源恵は大阿闍梨の脇を勤める高僧である。

弘安五年十一月二十一日、小除目《こじもく》（臨時の小規模な除目）で僧事《そうじ》（僧侶の除目）も合わせて行われ、源恵が権僧正に昇進した（『勘仲記』）。藤原兼仲は、源恵の傍注に「関東日光別当」と記している。鎌倉常駐が認められているので、朝廷から上洛を命じられれば京都で修法を勤める勤務形態である。師最源から継承した延暦寺本覚院ではなく、日光山別当と認識されていることが注目に値する。

永仁元年（一二九三）二月二十二日には、伏見天皇御所で、源恵が大阿闍梨を勤めた異国降伏の七仏薬師法が行われた（『門葉記』）。助修《じょしゅう》（伴僧）は二十人である。仁守が護摩壇、尊深《そんじん》が十二天壇、最誉が金剛夜叉明王壇、隆昭が聖天壇と奉行を兼務、実潤が神供壇である。この修法では、日光山で成菩提講の伝授を受けた隆昭僧都が聖天壇を勤めている。また、後に宇都宮で亡くなる雲聖大僧都も助修二十人に入っている。源恵は、公卿待遇の法印を別当代として日光山に派遣しているが、熟練すれば天皇御所で勤める修法の役を割り振れる学侶も若い時に日光山に派遣していた。血脈が残っていないので人脈を詳細にたどりづらい事情はあるが、雲聖も隆昭も鎌倉幕府の有力者や坂東の有力御家人の子弟と考えてよい人物である。系図によって明らかになる足利一門渋川氏出身の顕潤だけではないであろう（渋川系図）。

源恵は、初めは師匠から継承した延暦寺本覚院で認識されていたが、鎌倉に常駐し日光山別当の肩書きを使って京都で活動したことで、日光山別当として鎌倉の日光山別当坊に居る人物と認識されるようになった。日光を京都・鎌倉に認識させたのは、源恵である。

源恵僧正は、徳治二年（一三〇七）十月二十日に、六十四歳で入滅したと『日光山別当次第』は記録している。

第四章　終末期の鎌倉幕府を支えた人々――鎌倉末期～室町時代

源恵の没後も、鎌倉の日光山別当坊が下野国日光山を管理していた。源恵の後任仁澄・道潤は、花園天皇の護持僧として京都に常駐したが、下野国日光山の管理は鎌倉の別当坊を通して行った。この関係が明確なので、鎌倉幕府滅亡の時に、日光山は延暦寺末寺として建武政権が没収する財産には含まれなかった。日光山別当は、京都に戻って足利将軍家を護持する僧侶となり、武家政権を守る立場を継続させた。

第一節　鎌倉時代中後期の宇都宮社と宇都宮氏

宇都宮家式条の世界

「宇都宮家式条」（『中世法制史料集　武家家法』）は、弘安六年（一二八三）に成立した。鎌倉幕府引付頭人まで昇進し、宇都宮氏の全盛時代を築いた宇都宮景綱（一二三五〜九八年）が制定した家法である。宇都宮氏の家法なので、「宇都宮家式条」は『中世法制史料集』で武家家法に分類されているが、宇都宮社及び神領の統治に関する条文が多くの割合を占めている状況を考えれば、武家家法の範囲には納まっていない。武家家法と寺社法の中間ぐらいという内容が、宇都宮氏の立場を表現している。

宇都宮景綱は、永仁元年（一二九三）に鎌倉幕府の引付頭人まで昇った重臣である（「鎌倉幕府年代記表書」）。五番に編成された引付（幕府の作業グループ）の長であり、鎌倉幕府や鶴岡八幡宮の年中行事には、職務として参列する必要がある。鎌倉を離れられない人物である。宇都宮を治めるために、「在国《ざいこく》奉《ぶ》行人《ぎょうにん》」（四五条）を複数任命し、留守を預けていたことが記されている。また、鎌倉番役を規定した五十三条は、宇都宮景綱に鎌倉番役の輪番が回ってきた時は、事前に番役を勤める郎党を指定し、期日通りに鎌倉に参着しなければならないと定めている。病気などの正当な理由がないのに期日に遅れたり、子供や親類などの代理を派遣する者は咎めると規定している。

宇都宮氏の当主が鎌倉に常駐する前提で、「宇都宮家式条」は書かれている。
第一条を、意訳で紹介しておこう。

一　当社（宇都宮二荒山神社）修理の事、
右、造営については巡年（式年遷宮）では限りがある。その他、想定外で破壊が起きた場合は、可能な限り早く修造しなければならない。たとえ、末社であったとしても、放置してはならない。

下野国一宮宇都宮社の式年遷宮は国衙の仕事なので、宇都宮氏としての規定はない。宇都宮氏は、在国奉行人に対し、式年遷宮以外の修理は破損が生じた場合は急いで修理しなければならないと方針を示している。式年遷宮は、国衙が立案した計画のもとに、国内の公領荘園に課役が割り振られる。それ以外の修理は、宇都宮社の社務である宇都宮氏の判断として、在国奉行人に沙汰を行わせるというものである。宇都宮氏が下野国一宮宇都宮二荒山神社を管理する家であることを、象徴的に示す条文である。
次に、第七条を見てみよう。

一　神官等が鎌倉参住の時、当社神事等の事、
右、二季の御祭［春・冬］、三月会、一切経会、五月会、六月臨時祭、九月会、この神事の時は、神官はたとえ鎌倉に常駐する立場であったとしても、その人物を（宇都宮に）

下向させなければならない。ただし、（京都）大番役など重要な仕事のため在京している時は、先例どおりに、これを免除しなければならない。

この条文が宇都宮社の神事を司る家としての宇都宮氏の立場を具体的に語っている。宇都宮氏と共に鎌倉に滞在する神主は、左記の大祭の時は宇都宮社に戻らなければならないと規定している。宇都宮氏の郎党を代表する紀清両党の芳賀氏は、宇都宮明神に奉仕したと伝える（「堀田芳賀系図」）。芳賀氏は宇都宮社の神官を束ねる立場にあり、宇都宮社の名前で集められる武士を率いていた可能性はある。

次に第八条を見てみよう。

一 当社五月会ならびに六月臨時祭流鏑馬の事

右、この神事の射手が重役であることは、近年噂になっている。参詣の人々や貴賤の嘲りは、神のために行う神事として戒めなければならない。今後は、この戒めを守り、もし、その役を勤めるにあたり、神事としてのしきたりに違犯をした者があれば、所帯の役職を没収することとする。ただし、兼ねてから用意していた射手が、期日に急病や禁忌を犯して勤められない場合、欠席することはこの規制の範囲ではない。

下野国一宮宇都宮二荒山神社の神事として行う一宮流鏑馬について、規定している。平安時代は下野国衙と一宮が共催する神事であったが、鎌倉時代になると、一宮を管理する宇都宮氏が主催する一宮神事となり、下野国に所領を持つ人々に賦課することになっていた。『吾妻鏡』が宇都宮氏の役職を「宇都宮社務職」と表現するのも、宇都宮二荒山神社の神事を管理する家として、仕事をしていたためである。鶴岡八幡宮の社務は社僧の管理人であるが、宇都宮社の社務は神主の管理人である。「社務」は、実質的な社寺の管理人以上の用途の限定はできないと考えるのがよいだろう。

宇都宮社五月会流鏑馬については、『中山法華経寺史料』所収『天台肝要文《てんだいかんようもん》』紙背文書の建長五年（一二五三）十二月三十日の端裏書《はしうらがき》がある「法橋長専書状」に、来年は宇都宮の五月会流鏑馬役があるので、鎌倉幕府の正月埦飯役寄子《おうばんやくよりこ》を辞退したいと千葉介頼胤の書状を添えて下総国の所領に在国する重臣富木常忍《ときじょうにん》に伝えた文言がある。結果は、埦飯役を辞退することができずに、所領を質入れして借り入れた銅銭で役を負担した。下野国一宮神事の役をなぜ千葉氏嫡流家が負担するのかといえば、下野国に所領があるから以外の解答はない。平安時代には地元の豪族が射芸の技を磨いて勤めていた神事も、鎌倉幕府の散在所領の形式により、下野国に所領を持つ人々に配分されるようになった。在国しない御家人でも役が配分されれば勤めなければならないので、貴賤の嘲りは、役を割り振られたから仕方なく勤める御家人のやる気のなさが、一宮神事として行う弓馬の芸の質を落とした結果と推測してもよいだろう。千葉氏は鎌倉を代表する武家のひとつなので、家の名誉を考えれば、手を抜くことはない。宇都宮氏が苛立っても、下野国に在国しない武家には宇都宮氏のこだわりは理解できない。彼らは、下野国の地方政治で権威を示すことを重要視していないのである。

宇都宮社の社僧

鶴岡八幡宮の社務は社僧の管理人で、社務が若宮（下宮）別当を指すように、神事を勤める上宮の祭祀では社務は参列する要員の一人に過ぎない。上宮祭祀を司る神主家（鎌倉時代の神主家は断絶）の史料が残っていないので、上宮の実態がわからないのである。宇都宮氏は、宇都宮社の神主に対しては具体的な規定を定めているが、社僧については宇都宮社を運営する上での規定しか定めていない。

宇都宮二荒山神社の社僧は、「宇都宮家式条」十九条で宮（二荒山神社）の社僧十二人、神宮寺五人の兼務を禁ずると定められている。第二十条は、社僧が宇都宮社及び神宮寺の祈祷を行うにあたり、所労（病気や体調不良）であったとしても代官に代役を勤めさせることを禁じている。非器の者（修行をしていないので経験不足の者）を一切禁ずるとしているので、病気などの場合は社僧の中で勤務の入れ替えを行うのはいいが、自分の判断で社僧以外の代理を指名することは認めないとしている。その他、山伏や、念仏堂を建立して浄土教（天台浄土の念仏衆カ）を受け入れている。宇都宮頼綱以下の人々が牧氏事件（一二〇五年）で失脚して法然門徒となった影響であろう。ただ、延暦寺は天台顕教の中の先鋭的な集団という認識で、浄土宗が一宗として成立したとは認めていない。「宇都宮家式条」が「浄土宗」と記すのは門徒側の主張である。修験道の山伏を受け入れているのは、日光修験の形成期である日光山の影響を考えてもよいだろう。僧侶に関する規定で、郎党に対する課役の件は出てこない。

『日光山別当次第』には、宇都宮二荒山神社の社僧のことが記されている。宇都宮二荒山神社の神主は下野国一宮となったことで宇都宮社務職を勤める宇都宮氏の指揮下に入り、宇都宮社の神領もまた宇都宮氏が経営権を掌握したと考えてよい。「宇都宮家式条」第十条は、九月会の時の池払《いけはらい》（池を掃除して浄めること）の時、東の池は上条氏、西の池は西方別府宮方散仕定使《じょうづかい》ならびに真壁郡司田所が担当するとしている。「宇都宮家式条」には神領の表記が複数回出てくるが、真壁郡は常陸国なので、宇都宮社の経営は一宮として持つ神領・得分と、宇都宮氏が持つ所領が一体化していたことを推測させる。宇都宮社は一円支配をしている神領から得分を持つ所領、国衙の定める課役を負担する所領など、下野国に薄く広く収入の入る所領を持っていたことが推測される。それに加えて、宇都宮氏が所領に賦課する課役である。これらの収入が宇都宮氏に入ることで、宇都宮氏は広範囲に影響力を及ぼすことになる。面として支配する所領の規模は不明であるが、一宮として下野国に薄く広く打ち込んだ楔から入る収入は広域なので、宇都宮氏の影響力が及ぶ範囲も広域となる。

勢力圏としてみれば、南側には小山氏、西側には日光山、北側には那須氏がいるので、宇都宮氏が勢力を拡張する余地は小さい。宇都宮社の神領や下野国一宮の役料が設定されている所領を通じて、宇都宮氏は神領を基点として東側に勢力を伸ばしていくことになる。その結果、下野国から常陸国に越境し、常陸国守護となる八田氏の苗字の地八田（茨城県筑西市）の地まで一族が広がるのである。

第二節　花園天皇護持僧仁澄

東国に下向できない別当仁澄

源恵が亡くなった後、徳治三年（一三〇八）四月、鎌倉幕府の七代将軍惟康親王《これやすしんのう》の皇子仁澄僧正《にんちょうそうじょう》が日光山別当に補任された（『門葉記』）。しかし、仁澄は同年十月に花園天皇の護持僧に補任され、京都を離れられなくなった（『門葉記』）。日光山に入って拝堂したのは、応長元年（一三一一）十月三日である（『日光山別当次第』）。十月十五日には鎌倉に向かい、日光山別当坊に入っている。その後、正和五年（一三一六）正月五日には天台座主に補任された（「天台座主記」「新撰座主伝」）。同年八月三十日には、花園天皇御所の二間祗候《ふたましこう》を命じられている（『門葉記』）。仁澄は花園天皇が退位する文保二年（一三一八）まで護持僧を勤めた。仁澄は京都を離れられない状況が続いたため、日光山には挨拶程度、鎌倉に居た期間も短いと推測している。鎌倉も日光山も、源恵の後任の別当が京都を離れられないため、源恵の時代の運営形態を続けるしかない状態であった。

延慶三年（一三一〇）八月十七日、鎌倉の日光山別当坊は延慶二年分の日光山常行堂《にっこうさんじょうぎょうどう》衣服用《いふくよう》途《とう》（経費）を送った。送付状を送った法印は、源恵の側近師法印房性とは花押が違うので、交代していることがわかる。仁澄は鎌倉の日光山別当坊に入らないが、日光山別当坊の運営は源恵の側近が残務整理と事務引き継ぎを終えれば帰京するので、仁澄の側近に交代したはずである。延慶二年分の衣服料の送付が遅れたのは、仁澄の側近が日光山を独力で運営する最初の年なので、交代したばかりの不手際があったと考えてよいだろう。

『門葉記』「関東冥道供現行記」の記録を見ると、源恵の死去によって冥道供の大阿闍梨を勤めているのは、源恵の弟子道潤《どうじゅん》（関白二条良実の子）である。道潤は、乾元元年（一三〇二）に天台座主に補任されているので（「天台座主記」）、仁澄より上位の高僧である。嘉元三年（一三〇五）には、大僧正に昇進している（「僧官補任」）。延暦寺本覚院を継承し、延慶元年（一三〇八）には花園天皇の護持僧に補任された（『門葉記』）。将軍家の子ではないので、源恵の後継者に選ばれなかったと推測してよいだろうか。道潤も仁澄と同様に護持僧を勤めるため京都を離れられない立場なので、必要に応じて鎌倉に下向していたと推測している。二間夜居《ふたまよい》まで勤めていないので、仁澄ほど責任が重くなかったとみてよいのだろう。

他にも、禅恵僧正《ぜんえそうじょう》の弟子経恵《けいえ》が徳治二年（一三〇八）に北条久時《ほうじょうひさとき》病気平癒の祈祷を勝長寿院で勤めている（『門葉記』）。瑠璃光院《るりこういん》を通称としているが、どこにあった院家かはわからない。

天台密教山門流に対する祈祷の依頼は、源恵のもとに依頼が集中していた。しかし、後継者の仁澄が花園天皇護持僧を勤めるために京都を離れないので、鎌倉に居る人々、鎌倉の依頼に応じて下向する人々が仁澄の勤めるべき祈祷を引き受けた。これによって、源恵が没した後に鎌倉の天台密教の祈祷は、勝長寿院別当道潤と五大堂明王院別当良斅《りょうこう》をはじめとした人々に分散していくことになる。

仁澄の活動は、天台座主を辞任した文保元年（一三一七）までわかる（「天台座主記」「新撰座主伝」）。正和五年（一三一六）五月六日に花園天皇護持のためとして、仁澄が勤めることになっていた仏眼法《ぶつげんほう》が、慈道法親王《じどうほっしんのう》に交代している（『門葉記』）。体調を崩していると考えてもよいのかも知れない。没年を明記したものはないが、道潤が日光山別当を継承する元亨三年（一三二三）には亡くなっていたと推測している。

仁澄時代の日光山

正和三年（一三一四）八月十八日、鎌倉の日光山別当坊から日光山常行堂に堂僧の衣服料四十六貫五百文が送られた。聖宣の時代に定められた禅衆十四人が増員されていなければ、夏冬を合わせた通年の季服料は一着につき一貫六百六十文となる（「輪王寺文書」）。延暦寺の末寺として顕密仏教の体制に組み込まれているので、法服の仕様は定められており、必要になると発注になるであろう。また、常行堂衆に対する廻向の布施として一人銅銭五連（一連は銅銭百文）が定められている。合わせて、五十三貫五百文である。これは、反別用途《たんべつようとう》の内と財源が記されているので（「輪王寺文書」）、日光山から日光山別当坊に年貢や進上品として送られた物の中から、別当坊が僧服調達の費用として下行《げぎょう》（現地消費分として送る物）したものである。源恵の時代が三条家出身の法印房性であるから、仁澄時代の鎌倉の祈祷記録が残っていれば、源全は特定できる学侶なのであろう。鎌倉に下向しない仁澄の代わりに、日光山別当坊を運営していた別当代に相当する学侶とみてよいだろう。

翌正和四年、常行堂僧服料は三分の一が減額され、三十貫九百九十五文となっている（「輪王寺文書」）。正和三年の書類に「熟歳《じゅくさい》ならず」の文言があり、日光山から別当坊に送る年貢や進上物が凶作によって滞っていることがわかる。別当坊も歳入が減ったので、僧服料を減額したと考えるのが妥当であろう。未納が生じたのだから給付が別当坊からの再配分が減額されるのは当然のことなので、常行堂側は納得せざるをえない。

正和五年は、常行堂三昧田の書類が残っている。田数は十九丁、検校《けんぎょう》・上執事《じょうしつじ》・堂僧・承仕《しょうじ》に割り振られている。検校・上執事は管理職、堂僧は常行三昧を勤める役僧、承仕は儀式の準備や裏方を勤める凡僧の役職である。日光は山岳地形、麓の鹿沼は盆地地形である。日光山は広域の山領を持つが、水稲耕作に適した土地は広くなく、農業生産の生産性の高くない麦作地帯と考えてよいだろう。常行堂三昧田の田数から僧服料が支出できないことは明らかなので、常行堂の年貢から現地で支出する経費として地元に残すのではなく、日光山の年貢を収納した後に常行堂の運営経費として僧服料を支出する出納の形式を取っていたことがわかる。

文書の発給者である公文は、田数計算など経理に関する仕事をする僧侶、勾当《こうとう》は検校に次ぐ役職で、代行する権限を持つ副か、検校の指示のもとに動く補佐かは明らかでない。その下に三綱が置かれ、権都維那《ごんのついな》・権上座《ごんのじょうざ》が署名している。常行堂が院家と呼ぶにふさわしい組織を持っていたことがわかる。

このような書類が動くのは、仁澄が京都を離れず、鎌倉の別当坊が留守を預かる形で日光山の管理にあたる立場から指示を出しているためである。問題が発生した場合には、京都にいる別当に裁定を仰がなければならないため、別当坊も日光山も記録としてやりとりした文書をしっかり保存しておく必要がある。現在は常行堂関係文書以外、残った古文書は少ない状況にある。

第三節　大御堂別当道潤

大御堂僧正道潤

関白二条良実の子大御堂僧正道潤（一二六六～一三二九年）は、日光山別当仁澄が花園天皇護持僧を勤めるために京都を離れないので、時々鎌倉に下向するだけではあるが、鎌倉の天台密教をとり仕切ることになった人物である。日光山別当坊には仁澄が鎌倉に派遣した僧侶達がいるので、道潤は勝長寿院を本坊とすることになった。道潤は、亡くなるまで日光山別当坊を本坊としていない。仁澄から道潤に別当が交代した後も、道潤は本坊を日光山別当坊に移さなかった。

道潤は、正応五年（一二九二）五月五日に延暦寺西塔院主に補任された（『華頂要略』）。

永仁五年（一二九七）三月三日、将軍家彗星御祈《すいせいごき》として如法仏眼法《にょほうぶつげんほう》の大阿闍梨を勤めた。伴僧は十六人、隆昭法印が聖天壇を勤めた。また、同年十一月二十六日には、宇都宮景綱所労により冥道供を勤めている（『門葉記』）。道潤は、鎌倉で大規模に仕立てた秘法まで勤められる高僧と認められている。乾元元年（一三〇二）五月九日に天台座主に補任された（「天台座主記」「新撰座主伝」）。正安三年（一三〇一）十二月二十日に源恵が大阿闍梨を勤めた異国降伏御祈七仏薬師法では、助修として護摩壇を勤めた（『門葉記』）。嘉元三年（一三〇五）三月十八日には、大僧正に昇進している（「任僧綱土代」）。この時期、道潤は本覚院を通称として用いている（『門葉記』）。

道潤は仁澄より高位の僧である。源恵が亡くなった後、鎌倉の天台仏教を束ねる立場にある仁澄は、花園天皇護持僧として京都を離れられなかった。これは、鎌倉在住の天台密教僧が実力で役職を獲得し、鎌倉幕府が依頼する修法を引き受けなければならない状況を生み出すので、天台密教はこの時期に勢力を拡大していく。日光山別当の仁澄、勝長寿院別当の道潤、五大堂明王院別当の良斅《りょうこう》、少なくとも三人の高僧が並立した状態であった。

道潤もまた、延慶元年（一三〇八）十二月に花園天皇護持僧に補任された（『門葉記』）。仁澄と同日である。この頃まで、道潤は鎌倉で将軍家御願の修法を勤めていたと『門葉記』の記録から考えてよい。花園天皇の退位が文保二年（一三一八）二月二十六日なので、この間は京都の持明院統の御所二条富小路殿を中心で活動しなければならない。『門葉記』は京都の成恩院《せいおんいん》を源恵から継承したと記している。これは、九条家に縁のある延暦寺の院家なのであろう。道潤が拠点を鎌倉に移すのは、持明院統の花園天皇から大覚寺統の後醍醐天皇への譲位が行われた後である。この譲位は、王家が三派に分裂した鎌倉時代末期の皇位継承をめぐる京都の政争の発端となる。後醍醐天皇の不穏な動きに対応するため、鎌倉幕府を護る武家鎮護の祈祷に力を尽くすことになったのが道潤である。

嘉暦の騒動前夜

元亨元年（一三二一）正月十八日、道潤は北条高時御祈として冥道供を勤めた（『門葉記』）。この冥道供では、足利氏の分家渋川氏の顕潤大僧都《けんじゅんだいそうず》が神供壇を勤めた。延暦寺の天台山門流も、園城寺の天台寺門流や真言密教ほど具体的な事例は明らかになっていなくても、鎌倉の武家社会から弟子をとり、学侶に育て上げていく成果は出していた。翌月には、鶴岡八幡宮で薬師法を勤めた。この時、「大御堂別当僧正《おおみどうべっとうそうじょう》」の通称が記されている。鎌倉に戻った道潤は勝長寿院（別称大御堂）別当に就任していたことが確認できる（『鶴岡社務記録』）。

元亨三年（一三二三）、道潤は日光山別当に補任された（『華頂要略《かちょうようりゃく》』）。仁澄からの交代であるが、その理由はわからない。最も理解しやすい理由は仁澄の死去であるが、文保二年以後に怪我や病気で動けなくなり、法会や修法の導師を勤められなくなったことも考えられる。

嘉暦元年（一三二六）三月六日、道潤は日本の歴史を大きく動かすことになる修法を勤めることになった（『門葉記』）。北条高時の館山内殿《やまのうちどの》が去年の火事で焼失したため、高時は長崎高資《ながさきたかすけ》の館を借りて得宗家の仮館としていた。北条高時の病が危急になったと判断され、道潤がこの館に招かれて、冥道供が勤めたのである。この一週間後に北条高時は出家し、執権を連署の金沢貞顕《かねさわさだあき》に譲ることになった（『金沢文庫古文書』）。この時、弟が家督を継ぐと考えていた泰家と高時・泰家の母大方殿《おおかたどの》（北条貞時後家、大室泰宗娘）が高時の長子邦時《くにとき》への継承を前提とした金沢貞顕執権就任に不満を持ち、鎌倉幕府を揺るがす政変嘉暦の騒動（一三二六年）へと発展させていくことになった（『金沢文庫古文書』・『保暦間記』）。道潤の修法は効験ありと判断され、「天下の安全、万民喜悦」と賞された（『門葉記』）。しかし、嘉暦の騒動は鎌倉幕府に修復不可能な亀裂を走らせ、鎌倉

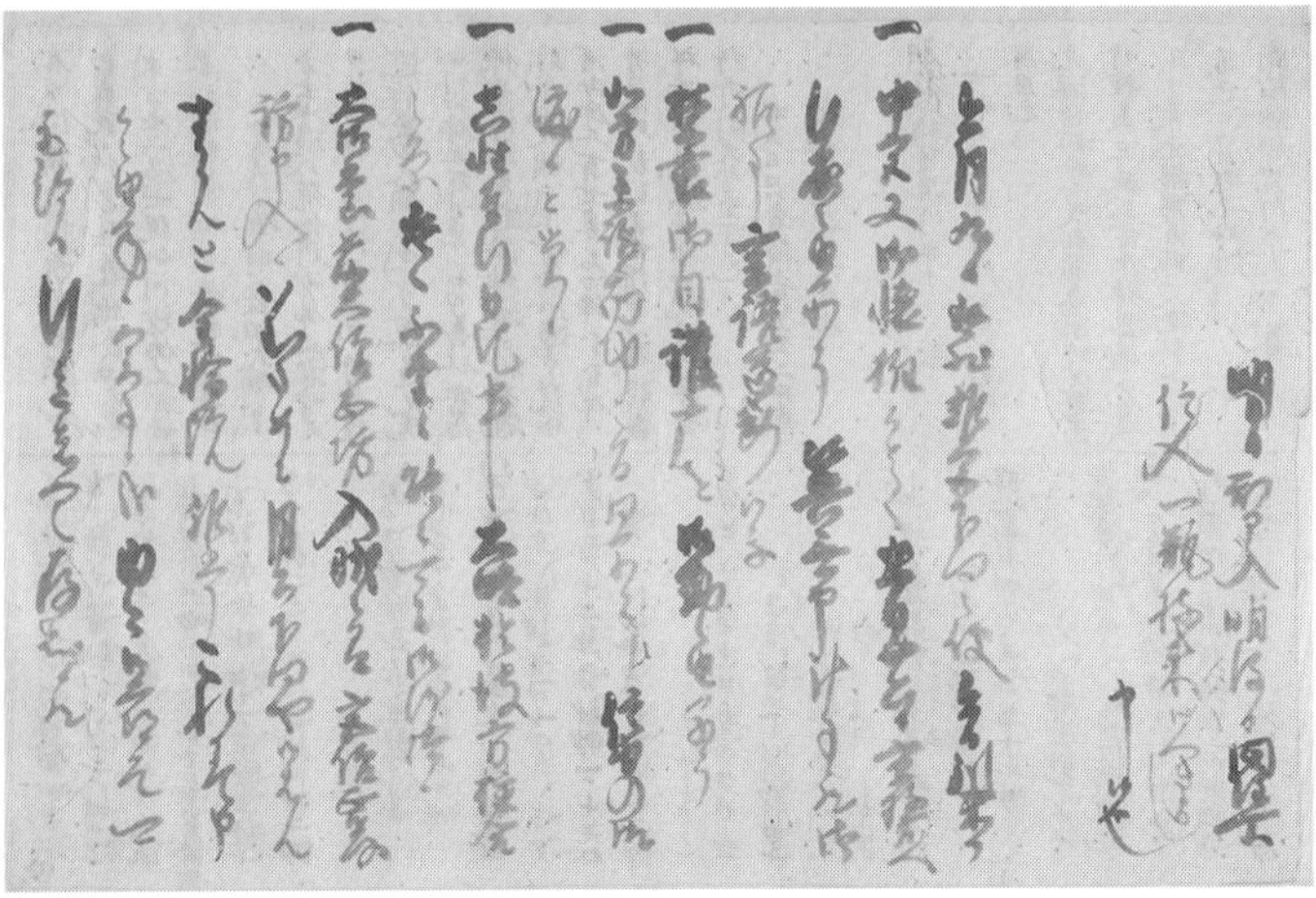

4-1　金沢貞顕書状

幕府崩壊の序曲となる事件になった。その当事者に、道潤は名を連ねたのである。

道潤は、この日以後も鎌倉で修法を勤めた（『門葉記』『鶴岡社務記録』）。亡くなった日は確定できないが、元徳元年（一三二九）十二月三日の金沢貞顕書状に道潤の病が危急であることを伝える「大御堂前大僧正御房（道潤）御労あふなき事、承り候」（『金沢北条氏編年資料集』）と伝えるので、元徳元年は年越しができたかどうかも定かでない状態である。また、道潤が亡くなった時、金沢貞顕の兄前園城寺長吏顕弁《けんべん》は、宮僧正《みやのそうじょう》聖恵《しょうえ》の房に赴き、哀悼の意を伝えている（『金沢北条氏編年資料集』）。道潤から聖恵への交代は、了承済みの案件であった。元徳元年十二月の書状が最後の史料なので、この病で亡くなったと推測している。

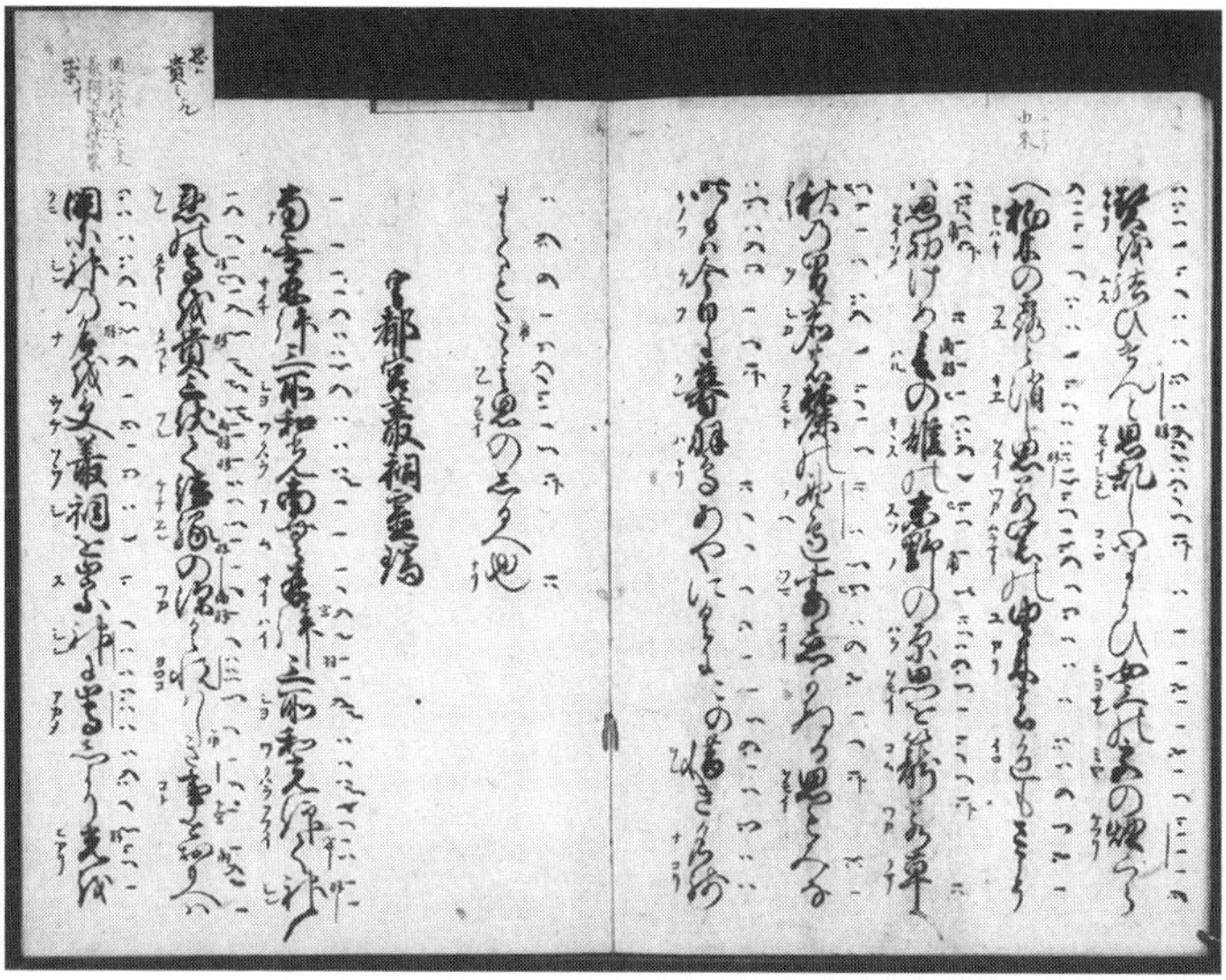

4-2　『拾菓集』宇都宮叢祠霊瑞

早歌の世界

　鎌倉時代後期に流行した歌謡早歌《そうが》『拾菓《しゅうか》集《しゅう》』には、「宇都宮叢祠霊瑞《うつのみやそうしれいずい》」（『早歌全詞集』）と題する歌が収められている。作者（作詞）・調曲（作曲）は不明であるが、題名から下野国一宮宇都宮社のことを謡ったものである。ただ、日光と宇都宮の区別がついていないので、地元の武家は日光と宇都宮の二荒山神社を別の社と区別しているが、鎌倉の武家や将軍御所に出仕する公家は一体の地域と考えていて区別していなかったと推測できる。現状というより、平安時代後期から鎌倉時代前期までの情報で曲がつくられたのであろう。今風にいえば歌謡曲なので、事実に即して歌をつくる必要はまったくないのであるが、当時の認識という点では情報となる。

この曲から、いくつかの事が明らかになる。「宇都宮叢祠霊瑞」は、日光三所権現を讃えている。南北朝時代の『神道集』は、二荒神を本宮（馬頭観音・太郎山）・新宮（阿弥陀如来・女峰山）とし、別宮（千手観音・男体山）を外している。しかし、「宇都宮叢祠霊瑞」の「馬頭一男の御子としては」と、男体山・女峰山を二荒神とし、太郎山を御子神とした三所権現の形式を取っている。これは日光修験成立以前の二荒神に御子神を加えた三所なので、本宮が男体山から太郎山に入れ替わる前の状態を記している。南北朝時代の『神道集』は本宮を馬頭観音（太郎山）としているので、鎌倉時代後期は男体山がまだ本宮と認識されていたことを示している。

可能性はふたつ、ひとつは鎌倉に居て宇都宮のことは情報として持っているが宇都宮に行ったことのない人物の作詞、もうひとつは日光山別当弁覚法印が行った日光修験が宇都宮社にも移されたことを知っている人物の作詞である。

「宇都宮家式条」（『中世法制史料集　武家家法』）は、宇都宮社に山伏の居ることを記している。宇都宮社の神主は宇都宮氏の被官になっているが、日光修験の山伏を通じて日光三所権現の信仰が宇都宮に入ったことは十分に考えられる。

「宇都宮叢祠霊瑞」が宇都宮も日光も一体と考え、宇都宮社に日光三所権現の信仰が持ち込まれたと考えれば、日光山に所属する僧侶や山伏が情報源になっている可能性がある。一度は下野国一宮として国衙儀礼の影響を受けて変化した宇都宮社の信仰が、鎌倉時代になって国衙支配が衰微したことで、再び日光山の影響を受け始めていた可能性を考えてもよいであろう。

『拾菓集』「別紙追加曲《べっしついかきょく》」には、日光山を謡った「補陀洛霊瑞《ふだらくれいずい》」と、中禅寺湖を詠んだ「同湖水奇瑞《おなじくこすいきずい》」が収められている。この両曲の作者は「ある貴所より出さる、月江《げっこう》取捨をなし調曲」なので、明空・月江を師匠筋として交流した人々ではなく、関心を持って作ってみたと持ち込んだ作者である。明空・月江は文人として公卿・殿上人と交流しているので、その人々よりも上位の人、かつ日光に詳しいか、関心を持つが現地は詳しくない人である。大御堂別当道潤あたりを考えていいのかも知れない。

早歌は作り、詠うことを家の芸と考え、秘儀伝授の形式で継承する。文章道の従三位《じゅさんみ》藤原広範《ふじわらひろのり》が門弟になっているので、御子左家《みこひだりけ》の歌人たちや宇都宮氏なら「貴所」とはよばない。また、法印ぐらいの僧なら藤原広範と同格で「貴所」という表現にはならない。それ以上であるから、将軍家・摂関家に連なるか、宗派の頂点を極めた高僧など、対象者は限られる。仁澄がほとんど京都に居ることを考えれば、消去法で道潤の可能性が一番高くなる。

ここで問題なのは、「補陀洛山」を謡っているので、中心は男体山である。男体山を本宮と謡い、男体・女峰を二荒としている。日光修験が本宮と新宮を入れ替えるまで、男体山が本宮である。南北朝時代の日光三所権現は、太郎君山を本宮、男体山を別宮とする。『拾菓集』が編纂された時期と『神道集』が編纂された時期の間に変化があったのか、それを行ったのが誰かは明らかでない。王朝文化や密教の本流をいく人々は神祇でも顕密仏教でもない修験道を低く観ているので、弁覚が日光三所権現を成立させた後の修験道の変遷をたどる文字情報が少ないのである。鎌倉の認識は、弁覚法印以前の日光山と宇都宮社の状態で留まっていた可能性もある。文学の資料は、取り扱いが難しい。

宇都宮社には、鎌倉で展開した密教が流れ込んでいる。鎌倉の真言律宗の筆頭である極楽寺長老順忍は、称名寺長老釼阿に対し、宇都宮に下向するのはいいが、京都の使者が到着するまでに戻ってくるようにと下向の条件をつけている（『金沢文庫古文書』）。これに該当するかは不明であるが、元亨三年（一三二三）五月二十三日、釼阿と推定してよい人物が宇都宮の覚善房に、「□勝□（行勝方カ）」と「（仁和）御流」の伝法灌頂の指図を授けている（『称名寺聖教』「称名寺灌頂図」）。京都の顕密仏教寺院の秘儀伝授は、中世律宗に流れ込んだことで縛りが緩んでいる。称名寺長老釼阿は、師である仁和寺の益性法親王から厳しい制限をかけられた教え以外は、宗勢の拡大のために伝授を行っていた。宇都宮社の社僧に請われて赴き、伝授したのであろう。

同年六月二十二日、源恵僧正の弟子雲聖権僧正が宇都宮で亡くなった（『常楽記』）。勝長寿院別当道潤が兄弟弟子にあたる学侶である。日光山の衆徒を束ねていた人物であろうか。宇都宮社で亡くなったことは、社僧に対して伝授や指導を行っていたということであろう。

第四節　鎌倉幕府を護る日光山別当聖恵と宇都宮公綱

鎌倉を護る祈祷に励む聖恵

聖恵（一二九五～一三四六年）は、鎌倉幕府七代将軍惟康親王の皇子（「本朝皇胤紹運録」）、仁澄の弟子である（『門葉記』）。聖恵は、鎌倉に下向して鎌倉幕府最末期に武家鎮護の祈祷を勤めた。鎌倉幕府滅亡後は鎌倉が落ち着くまで留まった後に京都に戻り、延暦寺の学侶として天台座主まで勤めた。晩年は、京都で足利氏のために祈祷を行っていた（「賢俊僧正日記」「常楽記」）。『門葉記』は、「後本覚院」・「大御堂」・「小川」・「宮」の通称を列記している。

延暦寺本覚院を継承しているので、本覚院に附属する末寺として日光山別当を兼務したが、補任された年月日や日光山に登って拝堂した日はわからない。道潤が元徳元年（一三二九）歳末に亡くなっている可能性が高いので（『金沢文庫古文書』）、元徳二年の補任は推定してよいだろう。

元徳三年（一三三一）九月二十五日、聖恵は北条高時亭で天下無為《てんかぶい》の御祈仏眼法《ぶつげんほう》の大阿闍梨を勤めた（『門葉記』）。後醍醐天皇が御所を脱出して笠置山に籠もったという情報が鎌倉に伝わったのが八月二十九日、鎌倉幕府が追討の軍勢を上洛させることを決定したのが九月二日、九月五日から六日にかけて上洛軍は鎌倉を進発した。九月二十日、後醍醐天皇が廃位されて先帝となり、光厳天皇《こうごんてんのう》の践祚《せんそ》が決定した（『鎌倉年代記裏書』）。東宮は、早世した後二条天皇の嫡子邦良親王の皇子康仁親王《やすひとしんのう》である（『鎌倉年代記裏書』『増鏡』）。京都・鎌倉間の早馬は三日で到着するので、天皇代替わりの情報は鎌倉に逐一伝わっていた。

北条高時亭で天下無為の祈祷として行われた仏眼法は、ひとつは光厳天皇の御代が治まることを祈願したもの、もうひとつは派遣した上洛軍が鎮圧に成功し、戦乱が終わることを祈願したものである。将軍守邦親王《もりくにしんのう》や執権赤橋守時《あかはしもりとき》が鶴岡八幡宮で行うのではなく、出家した北条高時が私亭で天下無為の祈祷を行ったところが、鎌倉幕府の揺らいでいる状況を示している。得宗北条高時の意向ではあっても、それが将軍や執権が発する公的な命令に転換していないのである。この祈祷は、鎌倉幕府の派遣した上洛軍が後醍醐天皇・楠木正成の挙兵を鎮圧したので、効験ありとされた。翌正慶元年（一三三二）四月三十日、聖恵は大僧正に昇進している（『光厳天皇宸記』）。

鎌倉幕府滅亡の年となる正慶二年二月九日、北条高時亭で天下《てんか》静謐《せいひつ》御《ご》祈《き》熾《し》盛光法《じょうこうほう》が行われた。天台四箇大法のひとつであり、伴僧を二十人揃えた鎌倉では大規模な修法である。大阿闍梨を勤める聖恵は、鎌倉住の天台僧を集めてこれを実施した。続いて、二月十八日には、北条高時亭で四天王法を勤めている（『門葉記』）。

護良親王と楠木正成が挙兵し、紀伊・大和・摂津・河内の四カ国で合戦が始まっている。六波羅探題は鎮圧の軍勢を何度も派遣したが、一時的に攻め込むことはできても、制圧はできなかった。鎌倉幕府が第二次となる上洛軍を派遣したのは正慶二年正月、聖恵が行った熾盛光法は、兵革（戦争や内乱）が鎮まることを祈願したものであった。

聖恵が鎌倉幕府滅亡後もしばらくは鎌倉に留まったことは、正慶二年九月八日の冥道供が聖恵の本坊である勝長寿院で行われたことから確認できる（『門葉記』）。日光山は延暦寺本覚院の兼帯なので、鎌倉幕府の滅亡によって支配関係が揺らぐことはない。しかし、勝長寿院は鎌倉幕府の将軍家御願寺である。延暦寺が末寺であると言い張って認めさせなければ、将軍家御願寺は、鎌倉幕府からの没収財産として建武政権が引き継げることになる。この件が解決するまで、聖恵は勝長寿院に居座った方がよい。

『門葉記』は、「関東冥道供現行記」を以下のように締めている。

およそ、今度の御祈、関東止住の僧侶は大小の法数を尽くすといえども、実験《じつげん》無きが如し、一天下の大乱の上は、無力の次第なり、関東滅亡の時節、時至る者か、天命によって政権が滅びようとしている時に、護国の祈祷を行っても、験が現れることはなかった。無力な事であったという締めである。武家鎮護の失敗を認めた記述である。

宇都宮公綱の合戦

鎌倉時代、宇都宮公綱《きんつな》は高綱を名乗っていた。北条家の家長から偏諱《へんき》を賜る家となっていたので、北条高時の「高」を賜り、高綱である。鎌倉幕府の滅亡により、公綱と改めている。「公」を「きん」と読むのは公家の西園寺家の読みなので、関東申次として鎌倉幕府と関係の深かった西園寺家から賜った偏諱の可能性が高いだろう。『太平記』は、最初から公綱で通している。足利尊氏のように特に重要な語りのない人物については、北条氏の家名を叙述の統一のために整理したり、途中で改名している人物は名前を統一したりという書き換えをしているので、要注意である。

『太平記』と『楠木《くすのき》合戦《かっせん》注文《ちゅうもん》并《ならびに》博多《はかた》日記《にっき》』の記述に違いがあるので、本稿では対比しながら、史実を忠実に叙述していく。

正慶二年（一三三三）正月二十三日、宇都宮高綱の軍勢五百騎は赤坂城を攻めている。この時期、天王寺合戦がおきているが、宇都宮の軍勢はこちらには加わらず、楠木正成の本拠を攻めている。『太平記』をみていると、坂東の騎馬武者は攻城戦や山岳戦が苦手であるが、宇都宮氏は、盆地や山岳地帯の武家であること、鉱山衆の使い方を知っていることから攻城戦が得意である。正月二十三日の戦いでは赤坂城内に攻め込んだが、攻めきれずに十二人の生け捕りを出して退くことになった。二月二日に帰洛している。

『太平記』によれば、新田義貞は病気を理由に帰国を申請し、許可を得ている。千早城攻めに手間取る幕府は、三月に在京する宇都宮高綱の軍勢を千早城攻めに派遣した。宇都宮高綱は、千早城合戦（一三三三年）の様相を一変させ、楠木正成を追い詰めていく。

宇都宮氏の軍勢は、前衛の軍勢を弓戦で戦わせ、その後ろの軍勢に千早城の防御施設の掘り崩しをさせ、矢倉をひとつずつ崩していく戦い方をした。楠木正成の防御に手も足もでなかった幕府軍は、この戦い方の有効性を認めて真似を始めたので、千早城を守る矢倉をひとつまたひとつと攻め落としていった。『太平記』は、「コレヲ見テ、タダ始ヨリ軍ヲ止テ掘ベカリケル物ヲト後悔シテ、我モ我モト掘ケレ共、廻リ一里ニ餘レル大山ナレバ左右ナク掘倒サルベシトハ見ヘザリケリ」と記しているが、主要防御陣地を崩せばいいので、削平する必要はない。時間はかかっても、確実に攻め落とせる攻め方である。五月八日に六波羅探題が攻め落とされたことで、攻めきれなかったという結果である。この戦い方をみても、宇都宮氏が坂東武者の範疇に入らない戦い方をする武家であり、山岳地形を多く含む北関東の武家であることがわかる。

室町幕府の祈祷僧へ

建武二年（一三三五）閏十月七日、聖恵は後醍醐天皇御祈として尊円法親王《そんえんほっしんのう》が大阿闍梨を勤めた熾盛光法の護摩壇を勤めた（『門葉記』）。

暦応元年（一三三八）十二月六日には、聖恵は天台座主に補任された（『新撰座主伝』）。

室町幕府成立後は、康永元年（一三四二）二月四日に足利直義《あしかがただよし》御祈として三条坊門亭で冥道供の大阿闍梨をつとめた。貞和二年（一三四六）二月八日には、将軍足利尊氏の御祈冥道供を鷹司《たかつかさ》東洞院亭《ひがしのとういんてい》で勤めたりと、将軍家のために祈祷を行った。

この年の五月十一日、勝長寿院別当聖恵が亡くなった（『賢俊僧正日記』『常楽記』）。賢俊は武家祈祷の者と記すので、室町幕府の祈祷僧に指名され、京都で亡くなったと考えてよい。

聖恵が、鎌倉幕府の最末期に幕府を護るための祈祷に尽くした人物であることは、間違いない。しかし、鎌倉で武家鎮護の祈祷を行わなければならなかったので、どこまで下野国の日光山に関与する余力があったのかは不明である。『門葉記』には祈祷の記録が出てくるが、他の資料が少ない人物なので、何とも言いようがない。

鎌倉幕府滅亡後の混乱が一段落すると京都に戻り、室町幕府を護持することで武家鎮護の祈祷を続けた。その段階で、日光山は遠隔地にある延暦寺本覚院の末寺という扱いになる。

仁澄・道潤・聖恵と続く三代の別当は、鎌倉幕府の将軍を勤めた持明院統の側に立つ延暦寺の高僧であり、京都で持明院統の天皇を護持する祈祷を行った。護持僧の役を勤めない時は鎌倉に下向し、将軍家・幕府・北条氏と鎌倉の要人を護持する祈祷を行った。鎌倉と日光山との関係は源恵の時代が最も密接であり、次第に希薄になっていったのである。

勝長寿院を本坊とした聖恵の時代には、日光山は延暦寺本覚院に附属する末寺であるが、実質的には所領と見なされていたのであろう。源恵のように、日光山で人材を育てようとする動きはみられなくなった。

おわりに　中世日光山の栄枯盛衰

日光山のおもしろさ

信仰の山としての日光山の誕生から、鎌倉時代後期に頂点を迎えた最初の全盛時代の終わりまでをお読みいただいた感想は、いかがだったであろうか。皮肉な言い方になるが、ともかく日光は複雑怪奇、坂東平野に展開した鎌倉武士の世界のように、荒っぽいが単純明快ではなく、一筋縄ではいかない人材が次々と出てくると思っていただければ、著者の意図は達したと考えている。日光の歴史は、群像劇である。一人一人の人物が個性的であり、また宗教者であるが故に信念が強固であり、人脈も広い。ひとたび何かが動き出せば、多くの人を巻き込み、結果に向かって突き進んでいく。

それと共に、下野国中西部に立地する山岳宗教寺院であるが故に、交通の要衝を抑えているので、攻めるに難く、まもりやすい地形を占めている。関東地方には属するが、坂東武者の勢力圏ではなく、山岳地帯の武士と僧兵である。治承寿永の内乱では、奥州藤原氏に近い立場で中立を守り、源頼朝が据えようとした日光山別当を追放したにも関わらず、頼朝は報復できなかった。

源頼朝としては、西に遠征しているので刺激するとうるさい延暦寺と波風を立てたくない奥州藤原氏を背後に持つという条件があってのことであるが、まさしく珍事ともいえる事件を引き起こしている。

また、鎌倉に進出したにもかかわらず、勝長寿院別当を兼務の扱いとして、犬懸谷の日光山別当坊を本坊として鎌倉の天台密教を仕切る姿勢は、さすが、比叡山延暦寺の息のかかった寺院と思わざるを得ない。

ともかく、中世日光山は鎌倉幕府の本拠地坂東にある寺院だよねと確認したくなるほど、自主独立の気風が強い。登場人物も信念を貫くから面白いし、それ故に、鎌倉幕府を中心に考えていくと、枠組みから外れた行動が目につく。日光は何をしでかすかわからないから面白いなと思っていただけたなら、本書の目論見は成功と考えている。

奈良・平安時代の動向

本書で言う「日光」は、下野国の日光山ではなく、日光の名前で活動した集団である。下野国の日光山、宇都宮二荒山神社、鎌倉の日光山別当坊と勝長寿院、日光山別当を兼務した延暦寺本覚院、京都の中にある成恩院、京都の市街地に構えた土御門本坊が主要な舞台である。また、重要な脇役として、二荒山神社を管轄とした朝廷の神祇官、日光山を支援した奥州藤原氏と平泉の寺院群、日光修験の源流である熊野三山の本山派修験道も関わってくる。日光は、信仰の山であると同時に、鎌倉の天台密教の中核という重要な役割を担っていた。

日光の信仰は複雑である。日光の男体山は、二荒神の顕現した聖地と考えられた。縄文時代に噴火した日光火山群の男体山が顕現した場であり、それと対になるものとして女峰山も信仰対象となり、火山神二荒神が成立する。産土神として祀られた一対の荒神《こうじん》である。

神祇官は、二荒神を祀る河内郡の二荒山神社下宮（宇都宮明神）で『延喜式』に記載し、二荒神の神階を正二位まで上げた。空海は「沙門勝道歴山水瑩玄珠碑幷序」（『性霊集』）に、勝道が登頂禅定した時、男体山は既に神の領域であることを認識していたことを記している。

奈良時代、勝道が男体山を観音菩薩の霊地補陀洛山に見立て、登頂禅定を試みようとする。そのための拠点づくりから、仏教寺院としての日光山の歴史が始まる。勝道が南都仏教の華厳宗か律宗かは決め手がない。ただ、日光を補陀洛山と認識したのは『華厳経』に基づく考え方なので、日光山の山岳仏教は華厳宗の教理に基づいて展開を始めた可能性を考えてよい。その後、中禅寺湖の湖畔に神宮寺（中禅寺）を建てて本地垂迹説に基づく神仏習合を進めていった。この時、二荒山神社は、四本龍寺と共にある日光の本宮と男体山上にある奥院のふたつである。

勝道は上野国講師を勤めた地方の官僧で、下野薬師寺で具足戒を受けているが、伝法灌頂は受けていない。私的に弟子を育てられるが、華厳宗の法流に属する者として血脈に記載される弟子を育てることはできなかった。私寺の限界がここにあり、山林修行の地として日光山が成立した。

勝道の後、四本龍寺は日光山の領域を管理する万願寺に発展していくが、勝道の後継者は衆徒の中から選ばれるので、地方の私度僧が経営した。勝道と日光山の名が京都に伝わるのは、下野国に国博士として赴任した伊博士公が勝道を支援することは作善《さぜん》(極楽往生のために善行《ぜんぎょう》を積むこと)と考えて協力し、帰洛した後に知人の空海にこの話を伝えて勝道碑文の起草を依頼したことによる。空海が勝道碑文として起草した文章は、弟子の真済が師の遺文を集めて編纂した漢詩文集『性霊集』に収録されたことで、勝道の活動は文人貴族や僧侶の世界で知られるようになった。清少納言が『枕草子』で橋の名所のひとつに「山の菅橋(神橋)」を数えるのも、漢詩文の家清原氏の流れを汲む才女だからである。ある程度まとまった情報を「中禅寺私記」として書き残した藤原敦光も、文章道を家学とする漢詩文の学者である。勝道の物語は、漢詩文を教養とする人々の世界で継承されていった。

この時期、神祇官は二荒神を重要視し、里の二荒山神社下宮(宇都宮)を所在地として二荒神に正二位の神階を授けた。これは、二荒神と二荒山神社を神祇官の所管に置いたことを意味する。実際には、勝道の弟子たちが社僧として管理し、神仏習合によって仏教の山林修行の聖地に整備されていくのであるが、管轄する役所は朝廷の神祇官である。この捻れが、平安時代末期に大きな騒乱をうむことになる。

さらに、下野国衙は二荒山神社下宮（宇都宮）を一宮としたので、下野国衙の儀式が、宇都宮の二荒山神社神事と融合していく。山上の本宮（日光）は山林修行の聖域だが、麓の下宮（宇都宮）は下野国の地方政治の舞台として新たな展開をしていくことになる。日光と宇都宮が次第に離れていく原因である。

宇都宮氏の登場

霊場として知られた山岳寺院日光山が、天台教学の山へと変化していく発端となる人物が、延暦寺から下向して日光山別当に就任した大法師宗円である。宗円は家族や同宿の山門僧を引き連れて日光山に入ったと推測している。宗円の子が、日光山俗別当となる宇都宮宗綱である。延暦寺も、宗円を派遣するにあたり、別当を勤めるために必要な聖教や法具は持たせ、天台顕教の正統な作法を日光山に伝える準備をしたと推測している。宗円は、朝廷の下級官人の位階正六位上に相当する僧位伝燈大法師（三七頁図一の「僧位一覧」参照）を帯びている。京都から僧位を持つ人物が日光山に下るのは、これが初例である。また、在俗のまま下向した宗円の子宗綱が宇都宮氏を起こすことになる。宗円の日光下向は、延暦寺の教学と儀礼が日光山に流入し始める端緒になると同時に、下野国の有力豪族宇都宮氏の成立の端緒ともなった。

日光山別当・俗別当の補任の手続きに神祇官符が必要という状況は、宗円の時に始まった。延暦寺の凡僧《ぼんそう》宗円の日光山別当補任により、宗円のもたらした延暦寺の文化や考え方が日光山に入り、私度僧が運営する私寺という地方大寺院の運営方法に変化が生じた。それまでは、衆徒の互選によって選ばれていた別当補任が、京都の上級官庁の補任状を必要とするようになった。しかも、その任命者は延暦寺ではなく、二荒神に正二位の神階を授けた神祇官であった。神仏習合は、信仰から観れば神と仏が一体であるとする融合の思想であるが、そこにはどちらが本体（実）でどちらが仮の姿（権）かという権実論《ごんじつろん》の論争がある。現実の世界では、神祇官所管の神社として宮司の制度を取るか、仏教の僧綱制のもとで僧官僧位を持つ僧侶が経営権を握るかの権力争いとなる。どちらの勢力が強いかで、神社の制度を取るか、寺院の制度を取るかが決まる。あいまいであることは、どっちにでも附けるという事である。宗円は延暦寺の僧であるが、日光山を治めるにあたって既存の権威を利用しようと考えれば、二荒山神社を管理する神祇官となる。つまりは、中間形態の宮寺である。延暦寺に属する祇園社感神院がこの形態である。

宗円は日光山と宇都宮二荒山神社（宇都宮明神）を一体の神社として三年治めた。日光と宇都宮を延暦寺の流儀に改めていく仕事を始めたところで、亡くなったと考えてよい。この時、宗円の子宗綱は日光山俗別当補任の神祇官符を給わり、宇都宮氏が日光山の中に地位を保つことに成功した。宇都宮氏が下野国の豪族に成長していくための足がかりは、下野国一宮二荒山神社とその神領なのである。

山岳信仰から天台顕教へ

宗円の遺風を引き継いだ人々が日光山を学問寺として発展させる流れを止めず、別当聖宣の時代に完成形を示すことになる。

聖宣は、日光山を華厳教学の補陀洛信仰によって男体山を補陀洛山とみなす山岳信仰から、延暦寺末寺の天台顕教寺院へと改めていく大仕事を完成させた人である。具体的には、日光山常行堂を延暦寺の様式で整備したこと、奥州藤原氏の支援を受けて日光山が学山と呼ばれるにふさわしい仏典の集積を行う事業を継続させたことがある。宗円没後に始まった事業として、奥州藤原氏が一切経を複数本持っており、それを二荒山一切経として書写したことの意味は大きい。聖宣の頃、坂東に宋版一切経を持っている寺院はない。奥州藤原氏の菩提寺中尊寺が、中尊寺経とよばれる写本の一切経を持っているだけである。輪王寺は、寄進されたものではあるが藤原清衡一周忌供養の写経が伝存している。奥州藤原氏の支援のもとに中尊寺の天台聖教が日光山に流れ込み、学問寺として体制を整えていったと使番として日光に赴任した中坊秀時が考えたと理解すれば説明がつく。

聖宣は、神祇官から日光山別当補任を認める神祇官符を給わるため、隆宣を上洛させた。これは、日光山としても、神祇官としても初めての事例である。隆宣は僧綱に列する僧位を持っていないので、官僧を管理する玄蕃寮が権限を持つ者として出てこない。そこで、二荒山神社を管理する神祇官への申請となるのであるが、神主ではなく、社僧の人事である。神祇官としては、二荒山神社の管理権を手放したくないので別当補任の神祇官符を出すことになるが、行きがかり上としかいえない人事である。僧官僧位を持っていれば、石清水八幡宮や熊野三山のように玄蕃寮の管轄となる。

この一件で手間取っている間に、日光山では那須一族の禅雲が日光山衆徒の選任で別当に就任し、日光山の山務を執るようになった。衆徒の中から選抜は、日光山の従来通りのやり方である。この内訌は、神祇官の権威を楯とする隆宣と、衆徒の先例に則った禅雲の対立がもたらしたものである。今までと違うのは、下野国の豪族を巻き込んだ戦乱に発展し、日光山を戦乱で荒廃させた上に、隆宣と禅雲が共倒れする結果になったことである。

元暦元年（一一八四）、源頼朝は日光山を実効支配する禅雲を追放し、母方の一族で真言僧の寛伝を日光山別当として送り込んだ。しかし、日光山衆徒は寛伝の態度が無礼であると怒り、追放した。理由はふたつある。寛伝は法橋の僧位は持つ僧綱なので、日光山衆徒を格下と見下したこと、天台顕教で教学を整えた日光山としては真言僧を別当とすることは受け入れがたかったためである。

また、日光山は奥州藤原氏から支援を受けているので、源頼朝が鎌倉幕府の名で実力行使に及ぶことは奥州藤原氏と向かい合うことになる。源頼朝は、佐竹氏の旧領回復（一一八一年）で奥州藤原氏と対峙しているので、そこに日光山が加わることは鎌倉幕府と奥州藤原氏の境界線の全てに緊張関係をもたらすことになる。この一件の時、宇都宮朝綱は源頼朝に対して父に倣って日光山俗別当職補任を申し出たが、源頼朝は宇都宮社務職のみを安堵し、新たに伊賀国壬生野郷を宛がった。これは、源頼朝が日光山の山務に口出ししないことを意味した。宇都宮朝綱に与える事ができたのは、下野国衙が影響力を持つ一宮宇都宮二荒山神社下宮の神官を管理する社務職のみであった。それ故、朝綱に安堵できなかった役職の代替収入を授ける必要があった。

禅雲は追放されて静かになっているが、神祇官符によって別当職に補任されている隆宣は、日光山別当職に対するこだわりを捨てなかった。この問題は、隆宣が後に鶴岡八幡宮供僧に補任されたことで新たな展開を迎えることになる。

密教に傾倒する隆宣

日光山は、鶴岡真智坊供僧になった隆宣が、日光山別当に還任したことで鎌倉幕府の傘下に入ることになった。ただし、隆宣は鎌倉在住で別当職を勤めた。地元では一族の禅雲を追放された那須氏が沈黙を保っているだけなので、隆宣は日光山別当に在職するためには鎌倉幕府の支持を得ることが必須の条件となっていることを理解していた。

鎌倉に居る隆宣は、鎌倉の仏教が密教を志向していることを認識していた。隆宣は、園城寺の法流が主流となっている鶴岡八幡宮の供僧第一の学侶なので、密教修法をとり仕切る阿闍梨達の後列で唱僧を勤めたり、読経を勤めたりと大きな法会・修法に加わっていた。晩年には、普通法の修法や供とよばれる一壇形式の密教修法を勤めているので、日光山の僧侶で初めて密教の修法を実践できた人である。山林仏教から天台顕教へと進んでいる日光山の衆徒とは、意識が違いすぎるだろう。隆宣が日光山の山務を執ると混乱するのは、京都・鎌倉で密教の隆盛を知る隆宣と、日光山で活動する地方大寺院の感覚しか持たない地元の衆徒との間に意識の違いがありすぎたためである。

日光山の再興と三所権現の成立

隆宣の後任は、弟の弁覚であった。隆宣は天台密教に傾倒していった。それは、鎌倉の仏教の動向を考えれば時流に沿った対応である。しかし、弁覚は日光山を山岳信仰の山に戻す方針で、堂舎の再興を行った。弁覚は、中世日光山の歴史にふたつの功績を残した。

ひとつは、隆宣と禅雲の別当職をめぐる戦乱で荒廃した日光山の修造が弁覚のもとで進められたことである。鎌倉幕府が承久の乱（一二二一年）に勝利し、隆宣・弁覚の実家関氏が属する秀郷流藤原氏や宇都宮一族の寄進が大きかったのは事実であろう。もうひとつは、弁覚は補陀洛信仰の聖地熊野で修行したことを日光山に伝えて日光修験を成立させたことである。熊野新宮には、那智勝浦の浜に補陀洛山寺があり、この浜から補陀洛渡海が行われていた。熊野には熊野三所権現があり、弁覚は男体山を補陀洛山と信仰する日光に三所権現の移植を試みて成功した。弁覚が別当を勤めた時代、日光山の本堂は四本龍寺であったが、金堂は日光三所権現の本地仏である千手観音・阿弥陀如来・忿怒形馬頭観音を祀っていた。日光山は、勝道が開山した本堂と日光の山岳信仰の中心となる金堂（後の三仏堂）のふたつの本堂を中核とし、天台顕教の中核である常行堂をもつ事になる。新しく加わった日光三所権現が熊野三所権現を移植したものとわかれば、華厳の滝が那智の滝に倣って選んだものと容易に推測がつくであろう。

日光修験の信仰として日光三所権現を形成した弁覚の路線は、山林修行で始まった日光山衆徒の意向と合致するものであった。弁覚の時代は、日光山が安定し、復興に向かった時代である。しかし、弁覚の晩年、実家の関政泰が宝治合戦（一二四七年）で三浦泰村与党として滅亡し、後ろ盾を失うことになった。日光山の衆徒は、訴訟で弁覚の跡を継いで別当となった子の性弁を追放した。これが日光山の性格を大きく変えることになる発端とは思ってもいなかった。

日光山別当尊家法印

日光山衆徒は性弁を追放したものの、後任を決められなかった。鎌倉幕府が介入して補任した別当が、延暦寺青蓮院に出仕する尊家法印である。尊家は天台密教三昧流を学んだ学侶であり、鎌倉幕府は将軍宗尊親王に仕える験者として引き抜いた。尊家は、鎌倉の日光山別当坊で山務を執り、将軍御所に出仕するようになる。尊家の代から、日光山の頭脳は鎌倉の日光山別当坊に移り、山務を執る手代《てがわり》（別当代）の派遣や使者の往来で日光山が運営されていくようになった。尊家は常行堂の修造や常行堂置文の作成など、天台顕教寺院としての日光山を振興したが、日光山で密教僧を育てようとは考えなかった。尊家は、日光山別当職を将軍御所に出仕して将軍家を護持するために給わった役領と考えていたと推測している。

一方で、弁覚が整えた日光修験は盛んになっていくが、尊家は園城寺系の日光修験には手をつけようとしなかった。細かいことをいいだすと、延暦寺の教学と園城寺の教学は考えを異にするところが多いのであるが、流儀の違いなので排除の対象ではない。尊家は、役領として給わった日光山で流行しているものとして黙認したと考えてよいだろう。

鎌倉の天台密教の全盛時代

尊家の後任として日光山別当に就任した源恵は、四代将軍九条頼経の子、天台座主最源の弟子である。源恵は、尊家から日光山別当を継承し、師最源から延暦寺本覚院を継承し、天台密教小川流で継承されていた勝長寿院別当に、最信の後任として補任された。三院寺を兼務する源恵は、鎌倉の日光山別当坊を本務地とした。源恵は、はじめ京都の延暦寺本覚院を通称としていたが、異国降伏祈祷が始まって京都と鎌倉を行ったり来たりするようになってからも、日光を通称として使った。それまでは、貴族や僧侶を中心に漢詩文を嗜む人々の世界で語られていた日光が、源恵を通じて日光を観ることになったことで、知名度は飛躍的にあがった。鎌倉の天台仏教の最高峰が日光を通称とし、鎌倉の日光山別当坊を宗務所としたことの影響は大きいのである。

源恵には、朝廷と鎌倉幕府が異国降伏祈祷を行うためという特別な理由があるにせよ、天台密教の四箇大法のうち、安鎮法をのぞく三法を鎌倉の将軍家を護持する武家鎮護の祈祷として行った。これは、鎌倉の密教が京都で行われる鎮護国家・玉躰安穏に準ずる水準まで引き上げられたことを意味する。この時期は、鶴岡社務と園城寺長吏を兼務する天台寺門流の隆弁が鎌倉の宗教界の頂点にいるので、鎌倉の天台密教は全盛時代を迎えていた。

源恵の時代、日光山の山務を執る手代（別当代）を勤めたのは、慈性法印である。日光山で法印から天台宗の教相（教学）と事相（作法や次第といった実践）を学んでいた隆昭は、源恵が大阿闍梨を勤める密教修法の脇壇阿闍梨を勤めるまでに成長した。日光山の中で、鎌倉で通用する水準の天台宗の秘儀伝授が行われたことは、今までになかったことである。また、源恵は弘安四年（一二八一）の異国降伏祈祷を引き受けるにあたり、五大尊合行護摩の会場を日光とした。鎌倉幕府主導で行われる密教修法を日光で行ったことも初めてである。源恵が日光にもたらした影響は、非常に大きかったといえる。

仁澄と道潤

源恵の後任として日光山別当に就任した仁澄は、花園天皇の護持僧に補任されたことで、京都を長期不在する際には、天皇の許可が必要になった。二間夜居祇候を勤めたので、天皇の居所に魔障が侵入しないように設けられた境界の小部屋に交代で詰め、加持祈祷を勤めていた。

日光山には別当就任を報告する挨拶のために拝堂しただけ、鎌倉の将軍御所や日光山別当坊も挨拶に赴いたぐらいではないだろうか。『日光山別当次第』にも『門葉記』にも、仁澄が鎌倉で加持祈祷を勤めた記録がない。

一方で、「輪王寺文書」には仁澄が別当を勤めた時期の古文書が残っている。別当が在京となったことで頻繁に使者を派遣して交渉や調整ができなくなった結果、書類を携えた使者によるやりとりが交渉の中心になったためである。

道潤もまた、仁澄と同日で花園天皇護持僧に補任された。ただし、道潤は鎌倉での祈祷記録が『門葉記』に残っている。花園天皇が退位した後は勝長寿院別当として、鎌倉幕府のために祈祷を行った。護持僧在任中に勤めた祈祷も記録されている。仁澄より責任が軽いので、鎌倉から呼ばれれば、下向して修法を勤めたのであろう。道潤は、仁澄から日光山別当職を引き継いだ後も、勝長寿院を本坊とし続けた。道潤からみても、日光山は鎌倉に滞在して仕事をするための役領である。仁澄・道潤の二代は、源恵の運営方法を継承して日光山の山務にあたったと推測している。

日光山を守り抜いた聖恵

仁澄の弟聖恵が日光山別当に就任したのは、元徳二年（一三三〇）と推定される。元弘の乱（一三三一〜一三三三年）の前年である。聖恵は道潤が使った勝長寿院を本務地とし、鎌倉の武家鎮護の祈祷に勤めた。日光山は延暦寺本覚院附属の末寺となっているので、本覚院を継承した時点で日光山を継承したと見なすことができる。下野国の日光山に登山して拝堂をするのは作法であるが、その後は鎌倉に常駐して鎌倉幕府を鎮護する修法を行っていたと推測してよいだろう。

鎌倉幕府滅亡後（一三三三年）、聖恵は管理下の寺院が延暦寺の末寺であり、後醍醐天皇が鎌倉幕府・北条氏から没収する財産には該当しないことの確認がとれるまで、将軍家御願寺の勝長寿院に留まり続けた。延暦寺本覚院は、聖恵が継承している延暦寺の院家であり、日光山は本覚院の末寺であると主張することで、勝長寿院よりも没収される可能性は低い。

建武政権崩壊後は、聖恵は足利将軍家を護持する武家鎮護の僧となり、鎌倉時代の地位を維持することに成功した。鎌倉幕府の末期から室町幕府成立にいたる時期の激しい戦乱の中で、日光山別当は鎌倉幕府・足利将軍家のために武家鎮護の祈祷に尽くし、鎌倉幕府滅亡時には日光山や勝長寿院が延暦寺の末寺で、鎌倉幕府・北条氏から没収する財産には該当しないと主張し続けることでその地位を保つことに成功した。

鎌倉幕府を護持するための武家鎮護の祈祷は効験なく、鎌倉の寺院に居た僧の多くが命をおとすことになった（『門葉記』）。聖恵は、源恵の代に築かれた延暦寺の末寺を守ることができた。『太平記』は、康永四年（一三四五）七月の延暦寺の嗷訴で全国の末寺に上洛を呼びかけた時、代表的な寺社の名前に日光山を連ねている。日光山衆徒は健在であるが、鎌倉の日光山別当坊は万行寺という名前に変わり（『門葉記』）、別当坊が日光山を管理する時代は終わった。鎌倉幕府滅亡と共に、日光山は下野国の有力地方寺院に戻るのである。

あとがき

私自身は鎌倉時代の国制史が専門で、誰もが認める権門体制論者である。それ故に、政治史の目線で宗教史と関わってきた。本書をお読みいただいておわかりと思うが、政治史からの読みと、仏教史の分類でいう事相（儀式の運営と作法）に属する資料によって読み解いている。神奈川県立金沢文庫に学芸員として勤務してきたので、称名寺の僧侶が学んだ真言密教広沢流と金沢氏が多くの学侶を送り出した天台寺門流（園城寺系）を中心に仏教史料は読んできた。

鎌倉で活動する学侶が本山や法流の名前あるいは拠点とした寺院を通称として使うので、鎌倉幕府から役領として給わった寺院を通称として用いていないことには気付いていた。その中に、日光を通称とする人々がいた。なぜ、源義朝を供養する寺として鎌倉で格式の高い勝長寿院を使わず、日光を通称に使うのかという素朴な疑問を持ち続けており、『鎌倉僧歴事典』の総説や論文で、その事は書いてきた。最も新しいものは、『かまくら考古』五四号（二〇二二年）の「鎌倉の日光山別当坊」である。

園城寺を追いかけてきた人が、なぜ、その宿敵として対峙してきた延暦寺を書くことになったのか。その経緯もなかなか面白い。そうなる定めなのか、紆余曲折の末にたどりついたところがそこなのか、藤原秀郷で始まった企画が完成してみたら日光山の歴史だったという結果である。

初めは、栃木県の伝統工芸士伊原実穂さんから、藤原秀郷の本を書いて欲しいという依頼であった。栃木の町興し運動があるから、そのネタ本にしたいという話しである。私自身、『金沢文庫古文書喫茶関係編年資料集』（勉誠出版、二〇二〇年）と編著『中世日本の茶の文化』（勉誠出版、二〇二〇年　アジア遊学二五二号）や神奈川県立金沢文庫・神奈川県立歴史博物館の展覧会図録があるように、茶道がらみの人である。また、将棋もアマ四段で本黄楊の盛上駒も、買ってしまう人である。堆朱・堆黒などの茶道具や将棋駒を通じて漆の世界は知っていた。文化財修補技師としての漆職人伊原さんの存在は、視野の範囲に入っていた。秀郷一人で一冊は厳しいから、秀郷流全体で一冊にしませんかが最初の回答だったと記憶している。その後、二〇二一年末に手術で入院、遠出が出来るようになったのは四ヶ月後の二〇二二年三月下旬頃、大学の講義にはギリギリ間に合ったという体調である。その間にいろいろ考えることもあり、病室でヒマすることになるのだからと持ち込んだのが、日光・宇都宮と将棋の本であった。回復期の病院は読書には十分の時間があり、栃木県で語られていることは視野が狭く周回遅れの研究水準だなということに気付いた。蛇足であるが、ほったゆみ原作・小畑健作画の『ヒカルの碁』も、病院図書室の蔵書で読んだ。関心の範囲内なら何でも読むという贅沢な時間、気になっていることは看護師さんに中断されなければ心置きなく長考できる贅沢な時間、これは長期入院でないと味わえない。将棋の段位が急速に上ったのも、この時間は思考の熟成に非常に良かったのかもしれない。退院した時には、日光と宇都宮を軸に中世前期の鎌倉の宗教を書くかという構想になっていた。

さて、どうするかという段階で、日光が私にとって安全地帯であることに気付いた。大学病院があり、手術した診療科を持っている。体調を崩したらそこに緊急入院し、回復した時点で手術をした病院に転院すればいい。伊原さんに車を出してもらえれば、体力を消耗することなく移動できる。日光・宇都宮なら現地調査が可能であると。

史料集めは、敵としての延暦寺を読んできた史料を膨大に持っていたので、今度は延暦寺の立場で再読することから始まった。『鎌倉幕府はなぜ滅びたか』（吉川弘文館、二〇二三年）作成の最終段階から、文献だけで書けるところの執筆は始まり、五月から現地に入って現場確認が始まった。その頃には日光の名前で動く集団の規模を把握していたので、中世日光山という下野国中世史の物語では納まり切らない構想になっていた。序奏としての平安時代の段階は京都と下野、日光山が本格的に動く段階では、京都・下野・鎌倉・奥州で考えていた。文学通信さんと話しをしていた段階では、書きたいことをダイレクトに言葉にすると『中進地帯の中世』ですね、と語っていた。でも、それでは読者が手に取ってくれないでしょうという話をしていた。来年の大河ドラマのタイトルを聞いた時は、『中世日光山—徳川家康の前にあった知られざる全盛時代—』で推していくのもいいかなと思っていた。本の背表紙として読まれるので、書名は大事である。藤原秀郷と唐沢山神社の伝説から始まった話が、中世日光山の歴史を俯瞰する本として形が作られていった。いろいろな激変はあったが、世の中、やはりなるようになるから面白い。本書の編集を担当された渡辺哲史さんと文学通信をご紹介いただいた前田雅之先生に、最後に御礼申し上げる。

永井　晋

二〇二三年二月二十七日

主要参考文献

石井進「中世前期の国衙軍制」（『石井進著作集　第五巻』岩波書店、二〇〇五年）
石崎泰雄・森田考美・岡村裕子・小池一馬・宮本亜里砂・及川輝樹「男体火山の最近17000年間の噴火史」（『火山』五九巻三号、二〇一四年）
市村高男編著『中世宇都宮氏の世界　下野・豊前・伊予の時空を翔る』（彩流社、二〇一三年）
井上宗雄『中世歌壇史の研究　南北朝編』（明治書院、一九六五年）
江田郁夫編『下野宇都宮氏』（戎光祥出版、二〇一一年）
江田郁夫編『中世宇都宮氏　一族の展開と信仰・文芸』（戎光祥出版、二〇二〇年）
NHK事業局・NHKプロモーション編『世界遺産登録記念　聖地日光の至宝展』（同、二〇〇〇年）
小林崇仁「日光開山沙門勝道の人物像」（『蓮花寺仏教研究紀要』二号、二〇〇九年）
佐野賢治「日本星神信仰史概論―妙見・虚空蔵を中心に―」（佐野賢治編『星の信仰―虚空蔵・妙見―』北辰堂、一九九四年）
菅原信海・田邊三郎助編『日光　その歴史と宗教』（春秋社、二〇一一年）
菅原信海『日本人の神と仏　日光山の信仰と歴史』（法藏館、二〇〇一年）
平雅行「鎌倉山門派の成立と展開」（『大阪大学大学院文学研究科紀要』四〇号、二〇〇〇年）
平雅行「熱田大宮司家の寛伝僧都と源頼朝―瀧山寺・日光山・高野大鐘―」（『京都学園大学人間文化学会紀要』三八号、二〇一七年）
高橋修・宇留野主税編『鎌倉街道中道・下道』（高志書院、二〇一七年）
高橋慎一郎「日光山と北関東の武士団」（高橋慎一郎編『列島の鎌倉時代』二〇一一年）
栃木県立博物館『中世下野の仏教美術』（同、一九八五年）

栃木県立博物館『中世宇都宮氏　頼朝・尊氏・秀吉を支えた名族』（同、二〇一七年）
外村展子『鎌倉の歌人』（かまくら春秋社、一九八六年）
永井晋『金沢北条氏の研究』（八木書店、二〇〇六年）
永井晋「中世都市鎌倉における密教の成立と展開」（『神奈川県立博物館研究報告（人文科学）』四四号、二〇一八年）
永井晋「鎌倉時代中期における鎌倉の密教」（『神奈川県立歴史博物館研究報告―人文科学―』四五号、二〇一九年）
永井晋『鎌倉僧歴事典』（八木書店、二〇二〇年）
永井晋「鎌倉の日光山別当坊」（『かまくら考古』五四号、二〇二二年）
七海雅人『鎌倉幕府御家人制の展開』第二章「鎌倉幕府御家人役負担体系」（吉川弘文館、二〇〇一年）
日光市史編纂委員会『日光市史　上巻』（日光市、一九七九年）
日光二荒山神社『日光男体山―山頂遺跡発掘調査報告書―』（同、一九六三年）
日本山岳修験学会編『山岳修験　六〇号　日光特集』（二〇一七年）
兵藤裕己「物語の書誌学／文献学」（『物語の近代　王朝から帝国へ』岩波書店、二〇二〇年）
三原尚子「芭蕉蔵伝承試論―中坊家と芭蕉―」（『関西大学紀要　国文学』一〇二号、二〇一二年）
宮本袈裟雄「日光山と関東の修験道」（『山岳宗教史研究叢書　日光山と関東の修験道』名著出版、一九七九年）
宮本袈裟雄「男体山信仰」（『山岳宗教史研究叢書　日光山と関東の修験道』名著出版、一九七九年）
山田雄司「摩多羅神の系譜」（『芸能史研究』一一八号、一九九二年）
山本殖生「熊野捨身行の系譜―日光山中興弁覚の背景―」（『山岳修験』六一号、二〇一八年）

日光山史年表

和暦	西暦	事項
神護景雲元	七六七	勝道が男体山を補陀洛山に見立てて登頂を試みるも失敗。
神護景雲二	七六八	勝道が男体山登頂禅定の拠点として、紫雲立寺を創建。
天応二	七八二	勝道が男体山登頂禅定をはたす。
延暦三	七八四	中禅寺湖畔に、神宮寺（後の中禅寺）を創建。
弘仁五	八一四	空海が「沙門勝道歴山水瑩玄珠碑幷序」を執筆。
承和二	八三五	八月三〇日、空海の弟子真済が空海の遺文を集めた『性霊集』を編纂。その中に、勝道碑文が収められる。
承和三	八三六	一二月二五日、神祇官の申請により、朝廷が二荒神に正五位下の神階を授けた。
貞観一一	八六九	二荒神は神階の上昇を続け、この年二月二八日に正二位まで昇る。
天禄三	九七二	一月八日、藤原兼家に仕える侍とその妻に仕える女房の恋の和歌のやりとりで、二荒神が詠まれた（『蜻蛉日記』）。
長徳二	九九六	『枕草子』の原本がこの頃、完成する。日光山の神橋が本文中で述べられている。
永久元	一一一三	八月、大法師宗円が延暦寺から日光山に別当として下向した。天台顕教寺院日光山の始まり。
永久三	一一一五	日光山別当宗円入滅、宗円の子宇都宮宗綱が日光山俗別当補任の神祇官符を給わる。
永久五	一一一七	奥州藤原氏が中尊寺一切経の書写を始め、天治二年（一一二六）におおよそ書写を終える。
大治四	一一二九	輪王寺が、藤原清衡一周忌供養の『紺紙金字法華経』を所蔵。江戸幕府使番中坊秀時の寄進。
保延元	一一三五	聖宣が日光山別当に補任。
保延七	一一四一	七月三日、藤原敦光が「中禅寺私記」を執筆。追筆の誤りが、本書に対する評価を損ねている。
仁平元	一一五一	下野国一宮二荒山神社（宇都宮明神）の式年遷宮が行われた。
保元元	一一五六	一二月二九日、源義朝が日光山修造の功により下野守を重任する。
保元三	一一五八	日光山に延暦寺の様式で常行堂が建立された。

和暦	西暦	事項
治承元	一一七七	日光山別当聖宣入滅。弟子の隆宣と禅雲の後継争いが始まり、日光山は戦場となって荒廃した。内訌に勝利した禅雲が日光山を治めるようになる。
治承二	一一七八	延暦寺で衆徒の蜂起が起こる。『日光山別当次第』に記された隆宣の活躍は、この時か。
元暦元	一一八四	源頼朝が日光山別当禅雲を追放し、真言僧寛伝を別当に据えた。寛伝は衆徒と対立し、日光山を離山する。日光山衆徒は、覚智を別当にすえる。五月二四日、源頼朝は宇都宮朝綱を日光山俗別当に補任できず、宇都宮社務職に補任する。
文治元	一一八五	二月一九日、屋島合戦。『平家物語』は、那須資隆が那須氏の産土神として日光権現・宇都宮明神の神を並べて祈願し、扇の的を射たと記述する。
文治三	一一八七	九月二二日、天野遠景と宇都宮信房が、源頼朝の命により鬼界ヶ島を平定に向かい、翌年治安を回復した。
文治五	一一八九	七月一九日、文治の奥州合戦。宇都宮朝綱が出陣し、郎党に紀清両党がみえる。
建久二	一一九一	隆宣、鶴岡八幡宮真智坊供僧に補任。
建久五	一一九四	七月二〇日、下野守藤原行房の訴訟により、宇都宮朝綱以下の人々が配流となる。
元久二	一二〇五	牧氏事件。八月七日、宇都宮頼綱は北条時政与党を疑われて、誓約書を提出した後に出家。その後、上洛して、京都に拠点を設ける。
承元四	一二一〇	一〇月一日、鶴岡供僧隆宣が、将軍御所で日蝕御祈を勤めた。日光山別当が密教修法を勤めた初例。
建保元	一二一三	五月二日、和田合戦。日光山別当弁覚は鎌倉の別当坊に居た僧衆を率いて将軍御所の警固についた。
建保四	一二一六	四月二二日、関正綱が、子供の延命長寿を祈願して、日光山に梵鐘を寄進した。五月一二日、小川法印忠快が、鎌倉で源実朝のために七仏薬師法を行った。延暦寺の関東先例の始まり。
貞永元	一二三二	三月、日光山別当弁覚が、熊野の大峰奥入道笙窟の本尊不動明王を源実朝供養のために造立した。
天福元	一二三九	三月七日、下河辺行秀が熊野から補陀落渡海を遂げた。
延応二	一二四〇	玄融が、日光山中尾の文仙房で『宗要集問答』・『宗要集浮要文』を書写。共に、天台宗の仏典。
寛元三	一二四五	三月一六日、前将軍九条頼経、二所詣の奉幣御使いを派遣するため、弁覚の日光山別当坊に入御して精進した。

宝治元	一二四七	六月五日、隆宣・弁覚の実家関政泰が、宝治合戦で三浦泰村与党として滅亡した。
建長三	一二五一	八月四日、日光山別当弁覚入滅。弁覚は子の性弁を別当に就任させたが、日光山衆徒の訴訟で解任。別当が空席となる。
建長四	一二五二	三月二一日、鎌倉幕府の将軍交代により、五代将軍九条頼経と共に乙若御前（後の源恵）が上洛した。
建長五	一二五三	一〇月、日光山別当に鎌倉幕府の推挙した尊家法印が補任された。尊家は鎌倉の日光山別当坊に常駐し、将軍御所で験者を勤めた。宇都宮社五月会流鏑馬役の記述が、中山法華経寺所蔵『天台肝要文』紙背文書にみえる。
文永四	一二六七	三月二二日、日光山別当尊家が日光山常行堂置文を定めた。
文永一〇	一二七三	一一月一二日、日光山別当尊家法印入滅。
文永一一	一二七四	源恵が日光山別当に就任し、日光山に拝堂した後、鎌倉の日光山別当坊に入る。
建治二	一二七六	閏三月五日、日光山別当源恵が、日光山常行堂置文を定めた。
弘安元	一二七八	六月二三日、日光山別当源恵が、北条宗政御祈冥道供を勤めた。鎌倉における源恵修法の初見。
弘安四	一二八一	四月一六日、日光山別当源恵が、日光で異国降伏祈祷五大尊合行護摩を勤めた。日光山で異国降伏祈祷が行われた唯一の例。七月二一日、隆昭が日光龍善坊で、『成菩提講』の伝授を受けた。
弘安五	一二八二	八月五日、日光山別当源恵は、京都の万里小路内裏で道玄を大阿闍梨とした七仏薬師法の脇壇を勤めた。一一月一〇日、源恵が権僧正に昇進した。
弘安六	一二八三	「宇都宮家式条」が成立。
弘安九	一二八六	正月一五日、源恵が台密四箇大法のひとつ熾盛光法を鎌倉で初めて行った。
正応二	一二八九	六月一八日、鎌倉の日光山別当坊で異国降伏の七仏薬師法を務めた。九月四日、日光山別当源恵、天台座主に補任。
正応三	一二九〇	七月一七日、日光山別当源恵が、将軍御所で天変御祈として普賢延命法を勤めた。
永仁元	一二九三	二月二二日、日光僧正源恵が、伏見天皇御所で異国降伏七仏薬師法を勤めた。六月、宇都宮景綱を鎌倉幕府の執奏に補任。同一〇月、執奏を廃止し、引付頭人に改める。
永仁五	一二九七	三月三日、道潤が将軍家彗星御祈如法仏眼法を勤めた。
乾元元	一三〇二	五月五日、道潤を天台座主に補任。

和暦	西暦	事項
嘉元三	一三〇五	三月一八日、道潤を大僧正に補任。
徳治二	一三〇七	一〇月二〇日、日光僧正源恵入滅。
延慶元	一三〇八	四月、仁澄を日光山別当に補任。一〇月、仁澄が花園天皇護持僧に補任された。一二月、道潤も花園天皇護持僧に補任。
延慶二	一三〇九	日光山別当仁澄が派遣した別当代源智が『常行堂故実双子』を執筆した。
応長元	一三一一	一〇月三日、日光山別当仁澄が拝堂を遂げた。一〇月五日、仁澄が鎌倉の日光山別当坊に入る。
正和四	一三一五	日光山常行堂僧服料が三分の一減額された。前年の年貢不熟による。飢饉の可能性を考えてよいか。
正和五	一三一六	一月五日、仁澄が天台座主に補任された。八月三〇日、仁澄が花園天皇御所二間夜居祇候を命じられた。
文保二	一三一八	花園天皇退位。仁澄・道潤が花園天皇護持僧を解かれた。
元亨三	一三二三	道潤が日光山別当に補任された。この頃、仁澄が入滅したか。五月二三日、称名寺長老釼阿が宇都宮に下り、真言密教広沢流の伝授を行う。六月二二日、源恵の弟子雲聖が宇都宮で入滅。
嘉暦元	一三二六	三月六日、道潤が北条高時の借り上げた館（長崎高資亭）で冥道供を勤めた。高時の病は治り、効験ありとされたが、一時所労危急になったため、高時後継問題が浮上、嘉暦の騒動へと発展した。
元徳元	一三二九	一二月三日、道潤の所労が危急と伝えられる。まもなく入滅か。
元徳三	一三三一	九月二五日、日光山別当聖恵が北条高時亭で天下無為御祈如法仏眼法を勤めた。
正慶元	一三三二	四月三〇日、聖恵を大僧正に補任。
正慶二	一三三三	一月二三日、宇都宮高綱が楠木氏の赤坂城を攻めた。二月九日、聖恵が北条高時亭で天下静謐御祈熾盛光法を勤めた。三月、宇都宮高綱を千早城攻撃に派遣。五月二二日、鎌倉幕府滅亡。
暦応元	一三三八	一二月六日、聖恵が天台座主に補任された。
康永元	一三四二	二月四日、聖恵が足利直義御祈として冥道供を勤めた。
貞和二	一三四六	五月一一日、聖恵入滅。武家護持の僧として京都で活動していた。

図版出典

0-1　絵はがき・個人蔵
1-1　東京国立博物館蔵・Image: TNM Image Archives
1-2　カシミール 3D を使い撮影
1-3　絵はがき・個人蔵
1-4　著者撮影
2-1　著者撮影
2-2　称名寺所蔵、神奈川県金沢文庫管理
2-3　称名寺所蔵、神奈川県金沢文庫管理
2-4　絵はがき・個人蔵
2-5　著者撮影
2-6　著者撮影
2-7　称名寺所蔵、神奈川県金沢文庫管理
3-1　tak1701d, CC BY-SA 3.0 <https://creativecommons.org/licenses/by-sa/3.0>, via Wikimedia Commons
4-1　称名寺所蔵、神奈川県金沢文庫保管
4-2　北海道大学附属図書館蔵

著　者　永井　晋（ながい・すすむ）

1959年生まれ。國學院大学大学院博士課程後期中退。國學院大学博士（歴史学）。神奈川県立金沢文庫主任学芸員・神奈川県立歴史博物館企画普及課長を経て、現在関東学院大学客員教授。
【主要著書】
・『鎌倉幕府の転換点―『吾妻鏡』を読み直す』
（日本放送出版協会 2000年、2019年吉川弘文館より復刊）
・『金沢北条氏の研究』（八木書房、2006年）
・『源頼政と木曽義仲―勝者になれなかった源氏』（中公新書、2015年）
・『平氏が語る源平争乱』（吉川弘文館、2019年）
・『八条院の世界』（山川出版社、2021年）
・『鎌倉幕府はなぜ滅びたのか』（吉川弘文館、2022年）
・『比企氏の乱 実史』（まつやま書房、2022年）
・『将棋の日本史―日本将棋はどのように生まれたのか』（山川出版社、2023年）

日本史のなかの中世日光山
――忘れられた全盛時代

2023（令和5）年8月25日　第1版第1刷発行

ISBN978-4-86766-017-1 C0021 © Susumu NAGAI

発行所　株式会社 文学通信
〒114-0001 東京都北区東十条1-18-1 東十条ビル1-101
電話 03-5939-9027　Fax 03-5939-9094
メール info@bungaku-report.com ウェブ https://bungaku-report.com

ご意見・ご感想はこちらからも送れます。上記のQRコードを読み取ってください。

発行人　岡田圭介
印刷・製本　モリモト印刷